大视野

秦朔 著

中国友谊出版公司

前言

平衡与中道

在 2020 年以前，估计没有谁会想到世界突然飞出了新冠肺炎疫情这么大一只“黑天鹅”，它和气候变暖、逆全球化、民粹化、贫富分化等“灰犀牛”相伴，让人心充满了矛盾和焦虑。

在一个纷繁复杂而又变化多端的时空，保持平衡显得特别重要。

例如：反对占据支配性地位的公司滥用权力，要求它们承担更多的社会责任，这是对的；但同时也需要看到，强调社会责任与重视股东价值并不矛盾。很难设想，一个满口“社会责任”的公司，一个让“韭菜”遍体鳞伤的公司，会是同一家公司，但这样的现象在 A 股市场并不鲜见。

国家领导人在和企业家座谈时曾经说过，企业家爱国有多种表现形式，但首先是办好企业，带领企业奋力拼搏、力争一流，实现质量更好、效益更高、竞争力更强、影响力更大的发展。

所以，办好企业，这是企业首先的、首要的责任。不把企业做好而空谈社会责任，于事无补，也毫无意义。

这才是相对完整的理解。

2020 年，我更深地体会到佛教中所说的“中道”思想。“中道”力图摆脱非此即彼的模式，不堕入两边之中。所谓“常无常是中”，即既不在“常”的一边，也不在“无常”的一边。所谓“我无我是中”，即既不在“我”的一边，也不在“无我”的一边。

我在 2013 年提出，在“精英与民粹”“右派与左派”“西化与本土化”“中产与底层”“市场与政府”等框架下的讨论和争吵，已经一次次说明，对抗性的标签框架不仅无助于形成共识，而且会不断造成社会撕裂，把彼此推得更远。

现在看，这种撕裂仍然存在，甚至在加深。

怎么办？我依然选择中道而行。

也是在 2013 年的文章中，我写道：“中国必须走现代化之路，也必须建构和拥有支撑现代化的现代性。与现代性相对立、相排斥的主体性，很容易走到唯我独尊的传统里去。同时，中国现代性的塑造和中国的现代化道路，既是与世界现代化、现代性演进相联系的过程，也是从自身的精神资源中展开的‘内源性生长’和‘主体性建构’。不能体现出主体性的现代性，很容易走到鹦鹉学舌、机械照搬的路径上。”

我所理解的中国之“中”，是一种通过开放体现其现代性，通过创造体现其主体性的价值取向。

我带着这种取向，学习与思考，调研与观察，我的尝试未必顺遂，但一以贯之，初心不改。

收在这本集子里的文章，就是2020年中道而行、中道而述的留存。

有缘之人，请你批评指正。

秦　朔

2021年4月

目录

第一章　逆全球化的逆行者

第二章　中国经济的底气

第三章　中国企业的韧性

第四章　商业文明“再出发”

第一章
逆全球化的逆行者

告诉你一个真实的全球化

加快构建以国内大循环为主体、国内国际双循环相互促进的新发展格局，是中国2021年到2035年的重大发展战略。

中国有巨大的内需市场，这是内循环的坚实根基。与此同时，经过40多年改革开放，中国经济和全球经济已经深度融合。世界需要中国制造，具有成本效率优势的中国制造能力也需要世界的市场。中国“入世”后的这20年，货物进口、出口在世界上的占比从2001年的3.8％和4.3％，分别增长至2020年的11.5％和14.7％，中国已是世界第一大出口国和第二大进口国。中国国内与出口相关联的产业带动了2亿左右的就业人口。可见国际大循环对中国同样意义重大。

展望未来，中国要在包括“一带一路”在内的全球经济中，建立影响力和文化软实力，提升国家形象，商品、服务、投资也是很好的载体。

从2016年和深圳卫视“共赢海上丝路”节目组到中东、非洲、印度采访开始，过去5年，我没有停止过对中国企业“走出去”的关注，曾随华为、比亚迪、联想集团、海信、中国巨石等企业到国外调研，对海尔、TCL、小米、vivo等企业的全球化也一直在跟踪。

我写这篇文章，是希望分享以下三点看法：一是要建立“双循环”而不是“单循环”的观念；二是要增强全球布局意识，而不是把全球化只当成出口；三是要努力把一批中国企业打造成全球公司和国际品牌。

目前，很多客观条件已经具备，切不可因为“逆全球化”的一些回头浪，遮蔽自己的眼睛，走向内卷。

为什么一定要全球化？

企业的全球化意味着立足全球，在全球配置资源，打造全球公司。

按照生命周期来说，大概分为5个阶段：出口；初始扩张（开始在国外建立组织和管理系统）；多国化公司（注重本地化经营，但各国的分支机构间更像独立公司，较少协同）；跨国公司（建立全球组织、人力、治理结构，与本地化经营相结合）；全球化公司（更关注以一个大型整合的组织形式运转，依据全球的资源状况，建立全球价值链的分工与合作体系）。

根据经济学家江小涓的研究，可以用海外资产比重、海外市场比重、海外雇员比重三个指标来衡量企业全球化的程度，三个指标合成为跨国指数。全球最大的25家跨国公司的跨国指数在2009年达到57%，2016年为49%。之所以下降，首先是部分产业链的分工抵达“天花板”，再细分下去，效率反而不高了；其次，产业链上的东道国努力提高本土化水平；最后，产业链上的输出国推动“产业回归”。也就是说，全球的高效供应链开始向“高效＋安全可控”的方向演变。

既然全球化确实出现了一定的调整，加上不少人认为中国地大物博，人口众多，无所不有，完全可以独立循环。为什么一定要全球化呢？

我来举几个方面的例子。

一是以资源为导向的产业链的需要。

我和青山实业创始人项光达先生交流过。青山实业旗下的青山钢铁是全球最大的不锈钢企业之一。在不锈钢产业链的原料环节，成本占比最高的不是铁，是能起到耐高温腐蚀作用的镍金属。青山在 2008 年金融危机后的市场低点切入，在印尼投资，获得规模巨大的红土镍矿开采权。现在青山是全球最大的镍铁生产商，其在印尼建成的园区是世界不锈钢上下游产业链及配套项目最齐全的综合产业园区。2019 年 7 月，印尼总统佐科在会见项光达等中国企业家时说，“你们不是仅仅利用印尼资源生产半成品，而是生产成品，且带动下游产业发展，值得赞赏”。截至当时，青山已经在印尼的两个园区投资了 80 亿美元。

类似的例子还包括中国企业在海外的农业、乳业、矿业方面的投资。有的民营企业在国外投资布局资源密集型产业，将国内富余的制造业产能与之交换，形成产业链闭环。真正了解中国在能源、矿产、农业等方面情况的人都知道，如果不提早在全球布局，中国将来在这些方面也可能被“卡脖子”。

二是应对贸易保护主义的需要。

我们现在把贸易保护主义当成偏负面的概念，其实，任何地方都有贸易保护主义，只是方式和程度不同。比如，2002 年 TCL 用 820 万欧元收购了德国的彩电生产企业施耐德电器，原因是当时欧盟每年给中国 7 家彩电企业的出口配额总计只有 40 万台。而施耐德电器每年在欧盟区的彩电销量就有 41 万台。TCL 希望通过收购，绕开配额的限制。又比如，大量中国出口企业都经受过国外的反补贴、反倾销调查，以及加征关税的处理。

出口遇到的阻碍越来越多，怎么办？TCL 集团董事长李东生认为，只有建立全球产业供应链，才能很好地应对逆全球化和贸易保护主义影响。2018 年，中美贸易摩擦升级，美国对中国输美产品加征关税后，由于 TCL 在越南、波兰、墨西哥、印度等国都有工厂，可以把由中国出口的部分产能分解到墨西哥、越南等工厂，这几年海外业务一直在提升。

李东生说，出口业务和全球化业务表面看是一样的，都是涉外业务，其实不是一个概念。TCL 的全球化，一种方式是出口整机（制成品）；一种方式是出口核心器件、材料和装备，在 TCL 海外的产业链中形成增值，即在当地组装制造产品，当地销售。

按照 TCL 的计算，在海外销售当地制造的 100 美元的产品，大概能带动 60 美元的国内核心器件和材料的出口，另外 40 美元在当地产生。虽然这种方式不能像出口制成品那样，100 美元的销售都出自国内、归于国内，但能有效规避贸易保护。而且全球化业务做大了，从中国出口的总量也会同步增长，这就是通过国际循环带动国内大循环的具体体现。

三是保持产业竞争力的需要。

我到宁波调研过服装代工巨头申洲国际，他们现在是越南和柬埔寨最大的纺织品企业。预计未来两三年，要在越南和柬埔寨再招聘2万多名工人。申洲国际“走出去”在2005年就开始了，当时是在柬埔寨办了制衣工厂，2012年在柬埔寨的纺织厂投产，2014年在越南的一期面料厂投产，2015年在越南的成衣厂投产……

根据有关机构的调研，截至2020年10月，申洲国际在柬埔寨有员工1.2万人，产能占比15%；在越南有员工1.3万人，产能占比16%。预计2023年实现海内外成衣产能一半对一半的均衡目标。

申洲国际之所以“走出去”，在越南和柬埔寨投资，出口美国、欧盟，享受优惠税率，有两国给予退税奖励的原因，但最重要的是中国的人工、土地等没有成本优势了。这也是中国很多地方的制造业外迁的根本原因。

四是先进能力的外溢需要。

历经几十年的努力，中国制造在很多方面已经建立了全球性的成本、效率和质量优势，在越来越多的门类登顶。和过去依靠收购国外企业、借助国外品牌进入国外市场不同，现在不少中国制造业龙头企业已经可以像当年的德国、日本、韩国企业那样到世界市场去争雄。例如家电、电脑、智能手机、电动工具、生产资料产品等。而类似SHEIN这样的出口跨境电商企业在全球创造的奇迹，更充分说明了“中国供应链+互联网营销创新”的强大威力。

彭博社评价说，SHEIN几乎可以立即对顾客的偏好做出反应，这一过程被称为实时时尚（real-time fashion）。在SHEIN面前，ZARA这样的“快时尚”典范已经显得落后了。

综上，可以说，中国必须走向世界，也有能力走向世界。这也有利于人民币基于实际经济需要的国际化的拓展，以及中国的国际收支平衡。不能因为过去在某个阶段有一些“非理性的海外投资”的教训，以及担心内资外流，就束手束脚，在可以开辟大格局的时候，放弃属于中国企业的历史机遇。

事实上，总体来看，中国龙头企业的全球化程度是不够的，庞大的内需市场固然可以造就中国龙头，但只有在全球化的沧海横流中经受锻炼，才能成为世界龙头。例如，2021 年 5 月 31 日三一重工宣布其挖掘机销量登顶全球第一，2020 年共销售 98705 台挖掘机，占全球挖掘机市场 15%的份额，但三一重工总裁向文波也表示，“近 10 万台挖掘机销量中，约九成销在国内，全球市场仍需进一步拓宽”。

全球化有多少挑战？

当然，中国企业的全球化之路，绝非坦途，很可能要“在清水里泡三次，在血水里浴三次，在碱水里煮三次”。华为、中兴、TikTok，以及大量被美国列入各种限制名单的企业的命运，都说明了这一点。

但从另外一个视角看，中国优秀企业批量化地被“全球第一经济强国”制裁，恰恰说明了它们的全球竞争力的提升。因此，应该更坚定，同时也更有策略地继续推进全球化，而不是退缩。

中国企业不怕苦、不怕累，但全球化过程中的很多挑战，和苦、累没有关系。

2018 年 9 月，我参加复旦大学的“复泛笃志讲坛”，嘉宾之一是中国投资有限责任公司(简称“中投”)高管，当时中投的资产总规模已是 1 万亿美元左右。有听众提问：“我们是一家民营企业，势单力薄，中投能不能给我们一点支持，让我们在‘走出去’的时候戴一下‘红帽子’？”

中投的高管回答，中国企业国际化需从整体、战略、战术三方面推进，创新海外投资方式。如果戴着“红帽子”，可能恰恰会受到阻力，因为国际上强调的是“竞争中性”。他幽默地说：“我们‘走出去’，反而要戴戴‘蓝帽子’。”

我采访的一家在南卡罗来纳州投资的中国制造企业的高管说，这里的工业用地、电、天然气很便宜，地方政府也有资金支持，投资环境很规范，2020年疫情期间，有三四百万美元的员工工资，也是政府财政承担了。但美国工人不像中国工人一样加班，他们严格按照合同，多一分钟也不干，多一分钟就要加班费。方方面面的“规范”让预期的投资成本增加了不少。美国招制造业工人也不容易，基本上只有黑人参与。工人招不到，就无法按预期投产。这位高管说：“实际的投资成本远超预期，同样投入，在美国建一条生产线，中国能建两条。”

美国虽然有问题，但整体营商环境还是很不错，法治化程度很高。而在非洲国家，虽然成本低，不确定性很高。一家中国央企的下属公司在某非洲国家大面积租赁土地，种甘薯，做乙醇汽油。事先计算的投入产出比非常经济，结果钱投进去了，却无法动工。因为农民抗议，一搁就是两三年。尽管签署了法律文件，政府背书，也没有用。

还有文化问题。在中国，管理人员拍拍工人的头和肩膀，是善意的，至少是无恶意的沟通方式，但国外可能意味着侮辱。中国工人对于管理层出台的文件和口头承诺，不会抠字眼，要求兑现，而美国工人对涉及自己利益的事，只要你说了，一定要你落实。在欧洲，特别是法国，裁员是最头疼的问题，很不容易。

这些问题并不是针对中国企业的，而是针对所有企业的。中国企业在澳大利亚的一项投资，没有解决好污水问题，污水流进附近的小溪，把一条鱼弄死了，结果整个项目最后搞不下去。中国企业在新西兰收购农场，也经常引起新西兰媒体的非议，民意调查往往显示：绝大部分新西兰人希望政府中止将农场卖给中国买家。

新西兰海外投资办公室负责人曾对中国媒体表示："有关新西兰农场的交易一直是一个敏感的、容易激发新西兰人情绪的话题。只有当投资有益于新西兰，并且不与新西兰的投资法案相抵触，才可能获得批准。"

还有合规问题，也是中国企业走向全球化的障碍。最近中国不少知名跨境电商公司的热卖产品被亚马逊下架，大量资金遭冻结，损失惨重。中国卖家刚进入亚马逊的时候，国际卖家还有些不以为然，结果两三年后他们讨论的话题就变成"如何在亚马逊上击败中国人"。不少中国卖家花钱刷好评，以提高星级；在包裹中附带"礼品卡"，如果消费者留下五星好评，即可获得礼品卡里的钱。有人说："不就是国内常见的刷单、刷评论、刷排名嘛？我们都习以为常了。况且亚马逊此前也是睁一只眼闭一只眼。"可是现在一旦亚马逊提出警告，你还不在乎，就真的会触雷。

2017 年年底，德勤中国对来自多个行业的 166 家企业（国企 51%，外企 26%，民企 21%，事业单位 2%）做了问卷调查，调查显示，中国企业全球化的早期挑战，主要是战略不清晰，其次是融资问题。现在，"风险、监管、人才"是海外投资面临的三大挑战。

大量实例证明，事先对风险准备不足、事中对风险不善应对、事后对风险不予总结改进，是许多企业海外投资失败的主要原因。"一带一路"相关国家，大多情况复杂，单纯进行一时一地一方面的风险分析是远远不够的，企业应在全面分析风险的前提下，为自己和项目量身定制一套风险分析、预警及应对机制。

中欧国际工商学院中欧全球化和新兴市场研究中心联合主任张华指出，企业全球化到底选择哪种进入方式，主要取决于各种方式与企业战略的匹配度以及各种方式的成本与风险。全球化经营的成本不只包括高昂的资金成本，还有管理成本、沟通成本以及应对文化风险、政策风险等的成本。确定要全球化经营后，要对公司的资源进行盘点，看现有资源是否能支撑全球化经营。这里的资源包括资金实力和人员储备，也包括管理能力、研发能力等组织软实力。对存在的短板，要及时补齐。

全球化竞争最终是能力的竞争

在全球化方面走在中国企业最前列的，当属华为。

2001 年，任正非在"欢送海外将士出征大会"上说，随着中国即将加入 WTO，我们不仅允许外国投资者进入中国，中国企业也要走向世界。"我们还完全不具备在国际市场上驰骋的能力，我们的帆船一驶出大洋，就发现了问题。……我们总不能等待没有问题才去进攻，而是要在海外市场的搏击中，熟悉市场，赢得市场，培养和造就干部队伍。……若三至五年之内建立不起国际化的队伍，那么中国市场一旦饱和，我们将坐以待毙。"

接着，任正非说出了后来被广泛传颂的几句话：一个企业需要有全球性的战略眼光才能发奋图强；一个民族需要汲取全球性的精髓才能繁荣昌盛；一个公司需要建立全球性的商业生态系统才能生生不息；一个员工需要具备四海为家的胸怀和本领才能收获出类拔萃的职业生涯。

任正非还说过，华为走向全球，是因为华为的国际竞争对手，都是整合全球资源跟华为在中国本土竞争，华为如果只有中国资源的话，最后必然会败在自家门口。

和 TCL、联想的国际并购模式不同，华为一直采用自主方式，从边缘市场到中心市场，推动全球化。

1996 年，华为进军海外的第一步是迈向俄罗斯，经过三年坚持才从俄罗斯国家电信局获得了一个极小的订单；1998 年进入泰国，第一个客户是小型运营商 AIS，同年进入印度；1999—2000 年，华为陆续进入非洲、中东、亚太、独联体、拉美等，共有十几个国家，华为品牌在第三世界打响；2000 年以后，华为将目光转向欧美，2002 年为进入英国电信的采购短名单，接受了长达 2 年的认证。获得沃达丰认可也花了 2 年多时间。2004 年，华为中标雅典奥运会通信设备建设项目，在英国成立了欧洲地区总部；2005 年，华为海外销售收入占总体销售收入的 60%。2007 年，华为进入了欧洲所有主流运营商的合作行列。

2004 年，TCL 对法国汤姆逊彩电业务和阿尔卡特手机业务进行了收购，但此后遭遇重大挫折，多年来外部对 TCL 的全球化路径一直批评不断。但事实上，TCL 的全球化经营从未止步，2020 年 TCL 智屏的销售量稳居全球前三位，其中海外的收入规模和增长速度都超过国内。

李东生说："当初的两次并购为 TCL 的国际布局奠定了基础，并购有两大战略价值：一是进入美国、欧洲主流市场。今天 TCL 的欧盟市场、波兰工厂、美国市场、墨西哥工厂，都是并购后获得的。第二个战略价值是业务增量，并购后有巨大的彩电销量，这是 2009

年上马TCL华星的重要基础，因为这样可以上下游打通。没有当年的并购，就没有TCL华星光电这一液晶显示项目。”

TCL实业CEO王成说，全球化运营要做好团队的配置，要建立全球化运营的核心人才库。TCL已经摸索出一套从区域经理到国家经理、从新兴市场国家经理到成熟市场国家经理的人才培养方法，并且保证核心人才在价值观上与企业高度一致。与此同时，TCL将各国的本地化人才作为海外公司、工厂的底座，外派人才必须与本土人才高度配合、互相激发。TCL实业在国内招聘人才时，也特别注意吸纳有国际化素养或潜质的人才，包括外籍员工。此外，在管理体系上要打通国内和国际，而不能互相隔绝。通过IT系统的一致、财务系统的把控、人力资源的管理、供应链的延伸，做到“全球一盘棋”。

无论是华为的全球化路径还是TCL的全球化路径，有一点是共通的，那就是不管怎样进入全球市场，最终凭借的是能力。自助者，才能天助。

中国无疑是世界性的经济大国，但还不是世界性的经济强国。

纵观近现代工业史，没有一个制造业强国和伟大的制造业企业，不是经由全球化的风雨历练而形成的。苹果是全球制造业最有价值、盈利也最高的公司，也是最具全球化特征的公司，苹果生态和苹果产业链串联了全球众多合作伙伴，在全球为客户创造价值。

中国企业应该有理想和抱负，以苹果和三星为标杆，虽一时不能至，但定要有向往之心。从政府到社会，对坚持生产性创新的中国企业的全球化之旅，也要积极鼓励，加油助力。

2021年7月26日

莫让浮云遮望眼：从脱钩说起

一

地球正在艰难地转动。卢梭说："人生而自由，却无往而不在枷锁之中。"今天全球共同的枷锁就是新冠病毒。它销蚀活力，阻碍交流，而且一波又一波，从快战到慢战，它坚挺的时间远比我们预料的要长。

2020 年 4 月 9 日，世界卫生组织总干事说，"虽然大家已经目睹了新冠病毒对发达国家造成的危害，但它在更贫穷和更脆弱的国家可能造成的破坏仍未完全显现"。非洲的疫情已经在冒烟。

在某种意义上，新冠病毒才是全球化的象征，一地不宁，天下不宁，"只有解放全人类，才能解放自己"。

病毒无形，伤害无穷。世贸组织预计，2020 年全球 GDP 将萎缩

2.5%～8.8%，全球贸易将下降13%～32%。国际货币基金组织预计，2020年会出现20世纪30年代大萧条以来最糟糕的经济后果。

病毒也让无数预测“测不准”。2020年2月6日，美国达拉斯联储主席罗伯特·卡普兰预测，2020年美国GDP增速为2.25%，受新冠病毒拖累约0.4个百分点。4月8日，他说，美国GDP二季度可能萎缩25%～35%，全年萎缩4%～5%。比他悲观的是圣路易斯联储主席詹姆斯·布拉德，他说，二季度美国GDP可能出现50%的萎缩。美国劳工部报告显示，2020年4月底有超过2000万人失业，全国失业率达15%。

这就是新冠病毒对第一经济大国的打击程度。有人计算，如果美国二季度GDP真的下降35%～50%，中国GDP有可能在当季成为世界第一。

尽管中国不会有谁对这个苦涩的第一感兴趣，但这种可能性还是有助于我们用稍微平和一点的心情看待自己：相比起来，我们逆转危机的时间算是快的。

2020年4月10日晚上，中信出版集团举行《苏世民：我的经验与教训》中文版在线发布会。作为全球最具影响力的投资家之一，美国黑石集团主席苏世民说：“疫情过后，中国会是恢复最好的国家之一，在未来的世界版图扮演很重要的角色。”

和苏世民对话的中国最具影响力的投资家之一、高瓴集团创始人张磊说：“到哪里投资？Here！在何时投资？Now！就是今天的中国。”2020年2月，高瓴集团逆势成立了高瓴创投，专注投资早期项目，首期资金100亿元。

把整个逻辑梳理一下，并不复杂。

1.如果疫情长期化，无论是哪里，最终都要靠科学去应对。急也没用。按医学专家要求做好防范就行了。不适应就慢慢去适应。

2.如果疫情很快结束，或影响最小化，无论哪里经济都会迅速反弹、正常化。

3.即使疫情结束，也将对全球政治、经济、国际秩序产生深远的影响，我们现在就要仔细研判，绝不要惊慌失措。要尽可能不受疫情带来的恐慌的影响。否则，以为得出了正确判断，其实这些判断是在特定时期所积郁的情绪中形成的，很难说没有偏差。

在中美贸易摩擦时，我曾去中山大学管理学院交流，当时不少企业也很恐慌，我说，我们要坚持“不畏浮云遮望眼”的高站位，“不要人夸好颜色”的强定力，勠力同心，共赴未来。

“不要人夸颜色好”是元代王冕写梅花的诗，后面一句是“只留清气满乾坤”。

此时此刻，无论看人看己看天下，胸中确实要有点清气，才能有定。定而后能静，静而后能安，安而后能虑，虑而后能得。

二

疫情会对中国与世界产生什么深刻影响呢？

从疫情之后我和企业界、学术界人士的交流看，人们最担心的不是经济复苏问题，而是疫情会不会成为全球化的转折点，从此开始“去全球化”“脱钩”？从开放渐渐走向封闭，从合作渐渐走向分离，各顾各的，各防各的，民族主义高涨，民粹主义升级，国与国、人与人、族与族、层与层的冲突常态化，而安宁的净土和稳定的发展环境离我们远去。

如果是这样，中国改革开放 40 多年的外部环境就会起变化，而当压力由外传导于内，又会促使内部矛盾显性化、复杂化。中国本有很大的潜力和增量空间，能够通过发展消化存量，但如果提前触碰全球化天花板，外部空间收窄，矛盾就可能内卷化，发生所谓“熵增”，即整个系统内部出现混乱的概率大大提高。

不少朋友惴惴不安又无可奈何，觉得脱钩很难避免，眼睁睁看着世界一步步向“脱”的方向走，而“后真相”时代的社交媒体又不断强化冲突性的一面，扮演着“脱钩助推器”的角色，殊不知今天的口水也可能变成明天的火药。

如此气氛之下，人们无法不联想起各种“陷阱说”。

“修昔底德陷阱”：一个新崛起的大国必然要挑战现存大国，现存大国也必然会回应这种威胁，这样战争变得不可避免。此说源自古希腊历史学家修昔底德，他在总结雅典和斯巴达的 30 年战争时说，“使得战争无可避免的原因是雅典日益壮大的力量，还有这种力量在斯巴达造成的恐惧”。

“金德尔伯格陷阱”：发展经济学家查尔斯·金德尔伯格最早提出，正是美国取代了英国作为世界霸主的地位，却未能跟进发挥英国提供全球公共产品的作用，因而导致 20 世纪 30 年代“灾难的 10 年”。哈佛大学教授约瑟夫·奈后来引申说，和“修昔底德陷阱”一样让人焦虑的，是一个无力或不愿意提供充分的全球公共产品的新兴大国。

这些说法，过去 10 年已在流行，映射的都是中美关系。但近几年，贸易摩擦和新冠肺炎疫情加剧了双边关系中对抗性的一面，让“陷阱说”似乎成了“必然如此”的宿命。

2020 年 4 月，北京大学国际关系学院王缉思教授在“国家发展”

系列讲座中指出，近两年尤其是新冠肺炎疫情期间，中国政府、智库、媒体、民间舆论，对美国的态度都发生了明显变化，即不再容忍美国攻击中国。双边关系下滑的速度加快，战略互信缺失日益严重，民间相互反感的情绪前所未有，经济和技术逐步脱钩已是难以逆转的趋势，各方面的交流也将进一步压缩。在经济、技术、人文交流方面，中美双方都在减少对对方的依赖。中国不希望中美经贸、技术脱钩，正在为此做思想和物质的双重准备，更加强调自主创新。整体而言，我们对美国的不信任和反感达到了中美建交 41 年从未有过的程度，这是中美建交以来最为困难的一个阶段，这个阶段持续的时间和下滑的底线均难以预料。

王教授的悲观溢于言表。2019 年 6 月，他在文章中还强调，尽管两国各自的情况和国际形势都发生了变化，但双方仍应不忘初心、保持定力，不被一时一事所惑，不为一局一域所扰，共同推进以协调、合作、稳定为基调的中美关系。他说，同美方“对骂”“对打”，恐怕正中美国那些反华分子之下怀。中方不能按美方的脚步和节奏起舞，而是应反其道而行之：美国有人想让两国“经贸脱钩”“技术脱钩”，中方就应当坚持在经贸和技术领域同包括美国在内的世界各国发展多边合作；美国政府要封杀华为，华为就要坚持同美国企业合作，继续聘用各国科学家，而没有必要在中国封杀苹果公司；美国要限制双边教育和人文交流，中国就应当继续努力扩大同美国社会各界的交往；美国官员到世界各国渲染“中国威胁”，中国就应当加大同这些国家的接触力度，而无须复制美国的方式，比拼谁的嗓门更大。

可见形势正急剧变化，且“自我加强”。

2019 年，任正非多次反对抵制苹果公司，“不能说用华为产品就爱国，不用就是不爱国”。但 2020 年华为轮值董事长徐直军公开说：“中国政府不会让华为任人宰割，或者对华为置之不理。为什么不能基于同样的网络安全原因，禁止美国公司的 5G 芯片及含有 5G 芯片的基站和智能手机、各种智能终端在中国使用呢？”

三

如果真的出现大脱钩、全脱钩，对中国和世界意味着什么？

我觉得此时脱钩，不是 20 世纪 50 年代中美本来就没有怎么融合的脱钩，也不是美苏冷战时期各组一个阵营对抗的脱钩——这两种情况本质是“疏离”，即本来就不在一起，双方隔空对抗。

现在的情况是，中美已如此之深地交融了 40 多年，两国的经济总量占全球的 40%，对全球经济增长的贡献率超过 50%。此时脱钩是要剥开已经长在一起的关系，不仅艰难，而且残酷，对世界也意味着高度的不确定。

新冠病毒大流行，可能就是再有几个月的事情。如果中美脱钩，影响的也许是几十年、几代人。

20 世纪最著名的社会学家之一卡尔·多伊奇在《国际关系分析》中写道：“如果人类文明在未来 30 年横遭扼杀的话，那么，凶手不是饥荒，也不是瘟疫，而将会是对外政策和国际关系。我们能够战胜饥荒和瘟疫，却无法对付我们自己铸造的武器和我们作为民族国家所表现出来的行为……既然我们的生活深受国际事务的影响，我们对国际事务的反应又至关重要，那么，我们就必须增强自己的理解能力、决断能力和行动能力。”

先有准确的理解，才有明智的决断，才有经得起考验的行动。

中国国家领导人 2015 年访美时表示，世界上本无“修昔底德陷阱”，但大国之间一再发生战略误判，就可能自己给自己造成“修昔底德陷阱”。

我们无畏挑战，要为可能出现的各种挑战做好准备，但更要防止战略误判，不要把“脱钩”简单化、扩大化，推到极致，变成一种思维范式甚至为了“政治正确”。我们要更全面和透彻地思考脱钩，从中找出最符合中国大局和世界大局的前进路径。

四

首先，我们必须了解，脱钩在哪些方面是可能的与现实的？

举个身边的例子。长三角 A 市前一段被划为疫情高风险区，该市一部分肉菜一直从邻省 B 市的几个大仓调运。由于疫情，B 市禁止车辆开往 A 市。A 市只好选择本省非疫情高风险区的 C 市作为中转站，调集一批集装箱车头开到 C 市，物流车也从 B 市开到 C 市，在这里“甩挂”(换车头交接)。A 市相关负责人告诉我，“保基本”必须百分之百由自己做，即猪肉和绿叶菜全部本地解决，目前已经开始做了。

在全球，经过疫情冲击，有些国家和地区考虑在与基本安全保障相关的领域，更加回归本土化，打造“安全供应链”，这不是很正常吗？

再从全球贸易占 GDP 比重的下降，全球价值链增速的放缓，全球化分工带来中间产品运输距离变长、二氧化碳排放增加等因素看，在贸易发展和专业分工方面，“去全球化”的调整，从 2008 年之后已经发生，疫情只是新的推动因素。

中国是全球化受益者。但不少跨国公司的全球化，导致其母国产业空心化，失业增加，政府补贴与资助增加，而跨国公司为赢得资本收益最大化在全球寻找“纳税洼地”，在母国纳税比重很小，如此就会造成资本和就业、国家之间的冲突，这也是特朗普一直呼吁制造业回流、缓解国家压力的原因。

我们也要明白，即使没有疫情，中国供应链也有可能发生一定的调整。

一是中国自己的外向型制造企业，基于成本考虑和国外“双反”（反补贴、反倾销）压力，近年一直在加强海外投资。中国资本到海外形成的资产，还是中国人的。这和当年日本从 GDP（国内生产总值）时代到 GNP（国民生产总值）时代的变迁很相似。

二是在中国投资的外企，基于成本等原因也在发生迁移。2020 年 4 月，日本贸易振兴机构（JETRO）就 2019 年度日本企业海外事业展开相关问卷调查，有 3563 家企业（其中 2990 家为中小企业）参与。在“在海外设有基地，将进一步扩大进驻”这一问题下，列举中国的企业的比例减少 7.3 个百分点，减至 48.1%；列举越南的企业则增加 5.5 个百分点，增至 41%。越南与中国的差距从 2018 年度的 19.9 个百分点缩小至 7.1 个百分点。

但是，我们也要看到另一面的情况。

一是作为全球供应链龙头，又有庞大的市场，中国供应链整体优势依然明显，有移出，也有大量流入（如特斯拉）。联合国贸易和发展会议统计数据显示，2015—2019 年，全球 FDI（外商直接投资）已连续 4 年下降，2019 年比 2015 年下降了 31.5%，但中国占全球 FDI 的比重从 2015 年的 6.7%提升到 2019 年的 10.1%。这说明，中国市场规模以及开放程度和营商环境的改善，依然吸引着大量资本流入。全球资本并未和中国脱钩。

二是不少国家都在推进制造业向母国回流，但基本上事与愿违，说明要逆转产业规律和效率原则，并不现实。以美国为例，美国在高端制造（如芯片）方面有强大优势，但一般制造业已经不是其优势所在，很难再回到本土复兴。就算回来了，也没有便捷的基础设施和大量经过培训的熟练工人去支撑。美国基础设施建设长期乏力，制造业岗位一直空缺，而且工人的劳动效率并不高。美国如果一定要复兴制造业，出路不是提高贸易壁垒和惩罚性关税，而是要从基础设施系统和劳工培训体系这些方面扎实用力。而这不是一蹴而就的。

单从供应链看脱钩，我们在分析后就会明白，供应链的脱钩会有，但是是局部的、小规模的，而且是被疫情压力强化的。疫情一旦过去，真要脱钩，也不容易。同时，有些领域的供应链集聚在加强，就像 2020 年全球多国都希望中国生产和出口更多的医疗防护用品。指望每个国家的医疗物资将来都自产自供，是不可能的。除非发生冷战，中国被极度孤立，否则始终在造福全球消费者的中国供应链的地位不会动摇。

我们要有忧患意识，同时也要清醒，千万不要把某些枝节性的调整扩大成所谓全面、全局的脱钩，自乱阵脚。

五

我在《生于忧患，死于傲慢》一文中指出，人类在 21 世纪前后几十年的商业文明史，中国篇章可能是其中最为重要的部分。中国走过的道路，显示出了制度变迁的能动性以及自我调整的可能性。这是中国成就的一个关键。

我从不浮泛地夸耀中国道路，我认为中国的现代化——更主要的是现代主体性的建立、民智民情的理性化、国家治理的现代化——还是“半成品”状态，还在路上，但我对中国抱有坚定信心。信心在于我们不断自我超越。过去几十年，由于对外开放和对内激活，中国吸纳了最多的信息，产生了最大的变化。我们并不比别人聪明，但我们肯干，“实践出真知”“干中学”，熟能生巧，越干越会干，中国道路不是说出来的，是亿万人民干出来的。

如同《麦肯锡2019中国报告》指出的，现在的情况是，“中国对世界经济的依存度在相对下降，世界对中国经济的依存度却在相对上升”。

我真正担心的第一个层面是，在全球经济离不开中国供应链和中国市场，中国也有潜力为全球经济做出更大贡献的大趋势之下，我们因为心态的问题、认知的问题，不能很好地克服大国崛起中一定会遭遇的困难，回到非黑即白的二元框架。

再回到脱钩问题，我们不要把脱钩概念化、简单化，而要具体分析，在不同的层次上详加区别，寻找最优解。

1. 在贸易和供应链意义上，我们如何认识脱钩？如何善加应对？

2. 如何进一步优化投资环境？

3. 如何帮助中国企业更好地走出去，创造更多“中国人的GDP”？

4. 无论是出口还是海外上市，中国企业如何变革自身的思维和行为，以诚信为本，追求可持续发展？

5. 在错综复杂的世界贸易环境中，中国该如何从日韩和东南亚国家等近邻做起，在自由贸易方面进一步突破，又该如何考虑到美国的切身需求，实实在在推动两国已经达成的第一阶段协定并在未来开启第二阶段的谈判？

6. 我们如何和欧盟之间加强互信互利，又该如何在“一带一路”倡议中释放创新的力量？

面对脱钩的压力，最忌不加区分，不做消化，一脱了之！

第二个层面是国际秩序。近年来，特朗普以自我为中心，不断退群，中国反而是国际秩序的稳定因素，有什么理由和国际脱钩呢？在中美关系的大变局中，我们也要异常冷静，从中国长期稳定发展、实现伟大复兴的核心利益出发，尽可能寻找更多的压舱石。经贸关系依然是一块压舱石。在美国政府不断情绪化变脸时，中国对美政策的稳定性以及协调、合作、稳定的基调，也是一块宝贵的压舱石。希望民间通道也能成为压舱石。对美国一部分政客、媒体的抹黑，相关部门要针锋相对地回应，但我们更要心中有底，抹黑中国是一些美国人的饭碗和“不变的永远”，抹黑了几十年了，但中国黑了吗？清者自清，中国的健康发展就是对抹黑的最好回答。同时，我们一定要谨防“中美关系无所谓”“美国没有什么了不起”“中国离了谁照样发展”“大不了从头来过”等迷思，防止出现不可控、不可逆的重大变局。我们也要更加开放，让别人更便利地了解自己，即使有些批评也不要惧怕。在这个意义上，每个中国人都是外交工作者，都应该更加负责。

2019 年年底，我在西安听了著名经济学家余永定的演讲。他刚去过阿富汗，讲了一个“阿富汗陷阱”的故事。在 1840 年前后，英属印度和阿富汗之间发生过一场英阿战争。战争的背景是英俄在中亚地区的角力。战争的结局，则如马克思在《印度史编年稿》所写的:“1842 年 1 月 13 日,贾拉拉巴德①城墙上的哨兵们眺望到一个穿英国军装的人,褴褛不堪,骑在一匹瘦马上,马和骑者都受重伤;这人就是布赖顿医生,是三星期以前从喀布尔退出的一万五千人中唯一的幸存者。他因饥饿而濒于死亡……”

整个故事的来龙去脉这里不做展开,余永定所强调的是,战争最初的起源是 1839 年,一个从未到过阿富汗的英国政府的主要顾问,怀疑俄国要把阿富汗作为进入英属印度的垫脚石,阿富汗领导人是“亲俄的代理人”,于是英国要推翻他,扶植自己的代理人上台,为此远征喀布尔,建立傀儡政权,阿富汗人坚决反抗,1841 年年底英军撤退,山路崎岖,一路被阿富汗人伏击,全军覆没。

事后的文献表明,英国政府顾问一开始的怀疑并没有什么依据。

“阿富汗陷阱”说明,大国角力存在各种可能,不一定导向战争,但如果一开始就被错误的预设(如英国的“俄国威胁论”)牵引,不断加强预设,没有回旋调整机制,最终真的会发生战争。

很希望余老师能把这个故事用英文写出来,在 Project Syndicate(报业辛迪加)发表,让美国政客读读。同时,中国人读一读也会有所启发,就是我们在面对客观问题时,能不能仔细辨析,看到更大的大局,从建设性角度寻找生机?太平洋的宽度真的容不下两边的分歧了吗?两个世界同样伟大的国家真的只能向剑拔弩张的方向迈进了吗?

---

① 阿富汗东部城市。

六

2020年4月，我和一位著名投资人交流，我说想写一篇“永远不要和改革开放脱钩”的文章，我觉得这也应该是中国的底线思维。如果和外部世界真的有所脱钩，我们更要加强对内开放，让土地、劳动力、资本、技术、数据等要素更加公平、自由、高效地流动，稳定预期，激发活力。而且，这不应该是应对经济下行压力的权宜之计，应该是中国的发展之基，是全社会的共识。

朋友说，希望你加一个观点，某些局部的脱钩和调整不可怕，中国也有消化能力，但是千万不要脱轨。

所谓“脱轨”，就是和追求人民群众的美好生活、实现民族复兴的大目标脱轨，和市场化、法治化、国际化、信息化的基本经济制度和秩序脱轨，和法律面前人人平等、人人自由全面发展的人本主义现代价值观脱轨。

从我几十年和社会各界的交流看，大家都深深热爱自己的国家，珍惜国运，希望不折腾、不摇摆，一直向前走。中国能复兴，不仅靠生产力的进步，更是现代价值观确立的结果，即尊重个人权利，释放积极性和创造性。这一定需要一个改革、开放、稳定、有活力的大环境才行。

社交媒体上现在有很多污名、攻击、仇视现象，以及对复杂、专业问题随意的、不假思索的乱议，南辕北辙，我深感担心。很多人说，美国社交媒体上仇视中国的声音很多，我想说，美国一些人把自己命运的沉浮归咎于中国这个“假想敌”，这不是明智的表现，而是下沉的表征。不值得仿效。同时要看到，美国始终也有严肃的自我批判的声音，促使其校正。对这个民族内蓄的力量，千万不要有丝毫低估。总之，我们不必在这方面消耗太多精力，中国要做的事很多，要补的短板也很多，如果让"口水"影响政策，声音越极端越有市场，绝非国家的福音。

中国要光荣地立于世界民族之林，需要对世界做出更大贡献，包括科技、文化、教育、商业创新等。只有在文明意义上得到世界认可，我们才算真正实现了复兴。

美国近年来的软实力一直在丧失，但美国当初能成为"二战"后世界秩序的主要推动建立者，软实力是发挥过重要作用的。早在"一战"后，美国总统伍德罗·威尔逊就到欧洲，力图推行"理想主义"外交，他推崇普济主义和个人理性，但他提出的外交公开、航海自由、民族自决、门户开放等国际新秩序（"十四点和平原则"），与英法等国的秘密外交、殖民统治、海上霸权、肢解德国等特权政治思想存在深刻矛盾，最后被英法拒绝。"二战"爆发后，罗斯福承袭了威尔逊的集体安全思想，出于大国责任、权力和协调一致的考虑，最后美国推动在战后建立了联合国安理会等机构、大国否决权等机制，以及布雷顿森林体系和世界贸易体系。和"一战"后对德国的残酷打击不同，"二战"后美国通过马歇尔计划支持了德国的经济复兴。

回顾历史，美国之所以能超越英国等老牌国家建立新秩序，是因为在当时的历史条件下，美国代表了更加开放和平等的价值观，所以得到了大多数国家的认可。

今天中国的文明崛起以及新型领导力的确立，仍需几代人的不懈努力。不过有一点很明确，我们只有向世界证明，中国道路和中国价值是更具友好性、建设性、正外部性的，才能得人心，拥抱世界。

这对我们整个民族的心智都提出了更高的要求。我们有过很多教训。所以一点也不能浮躁，不能浅薄，不能轻狂，不能内心焦躁又脆弱，那样看到的世界全都是浮云迷雾。

“有为者，譬若掘井，掘井九轫，而不及泉，犹为弃井也。”路还长，要沉住气，和时间为友，与规律相伴。

“世界上最宽阔的是海洋，比海洋更宽阔的是天空，比天空更宽阔的是人的心灵。”

2020 年 4 月 12 日

中美关系，关关难过关关过

一

中美之间，大半个世纪以来，最接近矛盾重重且无解的时候应该是新中国成立到1972年尼克松访华前。

尼克松对共产主义的立场众所周知，但正是他在任内，推动了中美关系和解。他把这一和解称为“战后最具有戏剧性的地缘政治事件”，而且他认为，即便不存在苏联威胁，美国和世界上人口最多的国家建立一种新关系也是当务之急。他说他赞同戴高乐的建议，“虽然对中国的意识形态不抱幻想，但是美国不应该让中国怒气冲冲地陷于孤立”“不要等中国强大了使你不得不承认它”。

中国古话说，“仇必和而解”。尼克松为什么要推动和解？我重读他1988年出版的《1999：不战而胜》时发现，书里很多话虽是针对苏联,但也体现了他的世界观。

1. 我们应同苏联发展一种自己活也让别人活的新关系,这种关系承认尽管两国有不可调和的分歧并将继续进行全面竞争,但两国应共同避免因这些分歧而打仗。

2. 核战争中不会有战胜者,只有战败者。苏联人追求的是不战而胜。我们的对策不应是不胜而和。我们也应追求不战而胜。苏联人矢志不移地要实现建立共产主义世界的目标,我们则矢志不移地要实现建立自由世界的目标,使各国人民有权选择谁来治理他们以及如何进行治理。

3. 完美的和平 ——一个没有矛盾的世界——是个幻想。现实的和平不是矛盾的终结,而是学会与矛盾共存的一种手段。现实的和平是一个过程——一个处理和控制竞争中的各国、各种制度和各种国际野心之间发生的冲突的持续的过程。我们的任务不是设法消除一切矛盾——这是不可能的,而是处理矛盾使之不至于爆发为战争。

4. 我们应努力为这个世界勾画出轮廓,但我们不应该按照自己的面目来改造这个世界。我们应认识到,对我们行得通的制度对于经历不同的其他人未必行得通。我们笃信我们的价值观念,但是这些价值观念中的一个基本信条就是不把它强加于人。我们的价值观念只能以示范的方式向他人传播,而不能强制他们接受。

5. 我们的对华政策可能犯的最大错误是热衷于采取美国特有的做法,苦口婆心地训导别国如何处理其政治事务。中国人是个独立性极强的民族,对于外人企图影响或主宰他国事务历来很反感。

6. 处理大国之间的关系不是茶话会或办喜事,大国关系是件复杂的精致品,必须时刻予以关注和照料。我们若不谨慎从事,会出毛病的地方很可能都要出毛病。我们今天与之交往的那个国家(中国)还刚刚开始在这个现代世界里摸索前进,而明天,中国可能是世界的头号大国。

7. 中美两国人民都在世界上最能干的人民之列,天赋的潜力都很大。展望 21 世纪,我们看到的是,土壤和气候都适于培育中美关系。中美关系大有可为,它能把这个世界的和平和自由推至空前未有的高度。

引述了这么多,是想说,中美曾互为敌国,但世易时移,仍能跨越大洋去握手。确有不少美国人持有"美国例外论""美国优越论"等傲慢观点,但在处理大国关系上,"不引向战争""和平竞赛"也有很深的基础。

尼克松说,中美能够和解有三个原因:在遏制苏联方面有共同利益;友好关系显然会带来更多经济和文化上的好处;面对原子时代的严峻现实,强国之间虽有分歧仍应交往,"否则就可能产生误解和错误的判断,这种风险是现代世界承担不起的"。

"在这两个曾经一度是如此不同,如此具有威胁性和难以沟通、格格不入的社会之间,现在正在编结一种了解和相互依存的网络,所有友好国家之间都难免时而发生颠簸,这种网络有助于减轻颠簸。"今天读这样的话,对中美双方都会有启示,现在需要更多的减轻颠簸的网络,而不是剪刀。

二

"我们时代的奇迹之一是中国在惨遭 20 世纪各种最可怕的天灾人祸之后,在 21 世纪必将成为世界上的一个头等大国。"这是尼克松在 1988 年的预言。

30 多年后,面对这样的一个中国,美国不可能不“再定位”“再适应”“再平衡”。这一过程不始于特朗普,也不会终于特朗普。

特朗普主张美国优先,甚至要“退群”,在某种意义上表明,美国的力量不足以管控世界,它不想管那么多事了,它要通过重修与他国的关系,为自身争取更大利益。这并不是不可理解的。

尼克松书中写道:“当我在 1976 年毛泽东去世前 6 个月见到他时,他问我,‘美国的唯一目标就是和平吗?’我回答说,我们要的和平不只是不打仗,而是‘公正的和平’。”

其实特朗普要的也不是战争,不是和中国市场脱钩,他念念不忘的是让中国购买更多美国产品,认为中国过去占了美国太大便宜,他要通过“公平贸易”把损失要回来。这就是贸易谈判要解决的问题。

其实美国很清楚,中国的崛起是不可阻挡的,中国的和平稳定繁荣对美国也有重要意义。过去几十年美国从中国获得了巨大利益。可以说,美国大部分全球化大公司能站在全球之巅,在中国的成功是重要垫脚石。

从国家层面看,中国为美国提供廉价货物以抑制通胀,让美国老百姓用更少的钱买更好的东西,同时中国在服务贸易方面对美国大量支出(如留学、旅游、就医、知识产权、运输),中国人挣的是辛苦的工钱,买的都是价格不菲的服务(如学费)与品牌。中国把大量外汇储备用于购买美国国债,让储蓄率低下的美国可以获得便宜资金维持繁荣,同时美国在中国的直接投资的回报率则远超美国国债收益率。

据中国商务部统计,截至 2018 年年底,美国对华投资项目累计达7万多个，实际投入850多亿美元。据美国经济分析局（BEA）统计，截至2018年美国对外直接投资的投资收益率（投资收益/投资存量）为8.9%，而在中国的投资收益率为11.2%。

从这些角度看，美国会罔顾自身巨大利益和中国完全脱钩吗？不会。特朗普想的是，该拿的利益一个不能少，过去应该拿但还没有拿到的，现在也要拿回来。中美贸易摩擦边谈边斗，边斗边谈，最终还是走向“合和之道”，取得了进展，说明只要有更大的利益，美国就不会脱钩，因为脱钩意味着放弃利益。

美国对中国在高科技投资等方面有诸多限制，本质也是为了守住最重要的利益环节。

对特朗普的做法，美国哥伦比亚大学教授杰弗里·萨克斯曾在2019年5月撰写《中国不是我们经济问题的根源，企业的贪婪才是》一文。他指出，真正的战争不是与中国，而是与美国自己的大公司，许多公司在赚大钱的同时却无法给自己的工人支付像样的工资。美国的商业领袖和巨富们推动减税和离岸外包、增加垄断权力，做一切能够获得更大利润的事情，同时拒绝任何让美国社会更加公平的政策。

今天看起来中美矛盾重重，且有扩大化之势，但因为分歧就导向分裂，这种可能性其实并不大。对美国来说，它真正谋求的是利益最大化。

如尼克松所说，现实的和平是“一个处理和控制竞争中的各国、各种制度和各种国际野心之间发生的冲突的持续的过程”。矛盾冲突是客观存在，也会持续发生，但无论从现实利益还是长远利益出发，中美之间的冲突，有很大可能还是会沿着“处理和控制”的轨迹加以解决，而不是陷入“放大与加强”的泥沼。

三

在1972年，中美关系能够破冰，显示了两国的远见，对世界也是巨大贡献。此后近半个世纪，中美间既有风和日丽，也有风云莫测，走过来并不容易。

中国第九任外交部部长李肇星在《说不尽的外交：我的快乐记忆》一书中有过这样的叙述："苏联解体后，美国国会一些议员出于意识形态偏见，把最惠国待遇[①]作为武器用来对付中国。从1990年到2000年(1991年海湾战争期间和1993年克林顿上台第一年除外)，每年美国国会都要就是否给予中国最惠国待遇问题进行辩论，辩论持续两个多月，但讨论的不是中国是否允许自由移民，而是人权、宗教、计划生育、台湾、西藏、核不扩散、贸易逆差、劳改产品等不相干的问题。这实际上成为美国国会牵制政府对华政策和要挟中国的重要手段。

那些年，不管两国关系出现什么问题，都会反映到美国国会审议对华最惠国待遇的辩论中。美国国内各种反华势力千方百计利用最惠国待遇问题制造噪音、杂音，给两国关系带来严重干扰，导致中美关系出现'上半年波动、下半年稳定'的怪现象。美国这么做还在国际上造成一种印象，好像美国每年都要恩赐什么东西给中国，中国有求于美国，中国得听话，否则就会被美国国会'修理'。中国老百姓很不高兴，明明是互利共赢的事情，美国凭什么拿最惠国待

① 最惠国待遇指缔约国双方在通商、航海、关税、公民法律地位等方面相互给予的不低于现时或将来给予任何第三国的优惠、特权或豁免待遇。

遇说事儿，向中国施压？这不是霸权主义又是什么？”

如果今天发生最惠国待遇的事，我相信很多中国年轻人都会拍案而起：“理他什么最惠国！我们自己有这么大市场，自给自足算了。”

但历史是怎么走过来的呢？

当初中国坚持推动“入世”谈判，特别是在和美国谈判中千方百计排除干扰，哪怕“黑发人谈成了白发人”也不放弃。终于，1999 年 11 月 15 日，中美就中国入世达成双边协议，为中国“入世”扫清了最大障碍。

这时美国就面临着选择：要么给予中国永久最惠国待遇（2002 年改称“对华永久正常贸易关系”），使美国能从中国“入世”中获得好处，要么援引互不适用条款，将中国开放市场带来的机会拱手让给别国。当时美国三大广播公司和 CNN 长时间播放支持给予中国永久最惠国待遇的广告：从太空俯视地球，看到美国和中国，接着出现中国商人、学生和他们的老师，还有人在打篮球。画外音说：“拥有 13 亿人口的中国是世界上最大的市场，新的贸易协议将使中国向美国的商品和服务打开市场大门。现在是国会做出选择的时候了，是选择孤立还是接触？”

通过各方共同努力，美国国会众、参两院分别于 2000 年 5 月 24 日、9 月 20 日通过有关给予中国永久最惠国待遇的议案。中美关系向前迈出了一大步。

“入世”对中国的作用这里不多说了。中国的外贸企业解决了全国 20%～25%的就业，创造了巨大的外汇储备，建立了中国供应链在全球的优势，这都和“入世”分不开。

如果当初，因为人权、宗教、计划生育等任何一方面的分歧，就放大升级矛盾、就诛心、就不玩了，中国经济会有今天吗？要斗争，但斗争也是艺术，而斗争的目的，是要服务服从于一个更大的大局。

四

以上从美国和中国两方面的视角，表达了中美虽有分歧但仍可破冰合作的观点。

接下来直面一个更棘手的问题：从制度和意识形态看，中美之间的分歧是不是不可调和的？

无论中美，很多人的回答都是：Yes。

在不少美国人的潜意识里，美国富有特殊使命，是天选之民，是世上的光，“如山巅之城，为万众瞻仰”。一部从拓荒奋斗到称雄世界、开辟新秩序的美国史，也让美国人的自信有着坚实根基。

而在中国，很多人特别是年轻一代，自觉挺中，并不是因为不了解世界、盲目自大，而是走遍世界，看到中国实实在在进步了，而美国在某些方面不仅停滞不前，还经常指责中国，自然会站到声讨美国的一边。

这是新兴大国崛起过程中必然经历的常态。但我觉得，尽管我们对自己有信心，也没有真正回答好一个问题，那就是中国到底是靠什么崛起的？中国特色的道路和美国的价值观与制度只有不同，没有共同点吗？

我在这里介绍一下我的基本观点。

1. 人类在很多方面是相通的。中国常说“借鉴吸收一切人类文明成果”。如果这一点我们不明确，有些含混，就很可能导致中国越强大，国外越担心，因为这好像是一个“异质的”乃至“可怕的”存在在崛起。

2. 现代化是人类的共同主题。现代化背后是现代价值观及其制度安排,也就是现代性。现代性在不同的国家、文化、情境下,实现方式不可能完全一致。现代性是每个地方的人民都能从内心长出的观念,如自由、平等、独立、公正等。这里不存在"命定论",即只有在某个特定之地(所谓"上帝应许之地")才能产生现代性。

3. 由此,中国在迈向现代化、建构现代性的过程中,也必然形成自己的特点与差异,和美国有所不同,再正常不过。正如人类文明有不同的发源地,当今世界的文明发展,也有"和而不同"的多种形态。差异性不排斥一致性,形态的差异,不等于"本体的对立"。

4. 价值观落实为制度。制度非常重要,它是对经济增长和社会发展最终起决定性作用的因素。竞争最终是制度的竞争,看谁能建立更有效的制度,看谁的制度更具自我更新能力。但制度并不是简单抽象的概念。首先,制度是一系列用于约束人的行为、调整人与人利益关系的社会规则,既包括成文的正式法律、法令、章程(法律规范),也包括不成文的习俗、传统、道德伦理(自律规范),等等。其次,制度不是天上掉下来的,制度的建立是一个不断演进和动态调整的过程。制度不是一颗贴了某种标签的种子,丢到地里,就能长出标签认定的植物。制度是活的,是无数参与者的共同创造。凡是能动态响应社会需求、以人为本、倾听人民呼声、不断改进的制度,就是进步的制度。一种制度有没有生命力,关键看实际的治理效果。善治是良序的最佳证明。

相反,一种当初被历史证明是优越的制度,如果形成路径依赖,以为自己的制度到顶了,可以一劳永逸了,就会忽略从人类社会新的创造实践中汲取营养。那么,这种制度所能带动的创造力,就会逐步下降。

五

用上述逻辑来分析美国和中国，会有什么结论呢？

先说美国。

美国是一个伟大的国家，有愿景、有奋斗精神和创新精神。历史上美国为世界提供了大量商品和服务。

尼克松说："我们的制度旨在使个人在不违反公共秩序和不侵害他人权利的前提下有最大的活动余地。我们解放了个人的创造力，而苏联人则囚禁了他们之中最有创造力的人。我们创建了一个生机勃勃的制度——其最令人艳羡之处不是它的产品而是它的自由，而苏联人则建立了一个被官僚机构窒息的停滞的社会。"这是对美国制度的总结，苏联确实也在这样的竞赛中失败了。

苏联的瓦解，根本原因是人民凝聚力的瓦解。

苏联瓦解后，美国的制度和秩序作为一种公共产品，被更通畅地供给了全世界，美国从中获得了巨大红利（如美元红利、知识产权红利、文化红利）。但红利的另一面是"负利"。靠资本、品牌和知识产权打遍天下，不知不觉就弱化了制造能力和生产性创新的能力。全世界都相信美元，都买美国国债，也会助长无须进行结构改革就能沉浸于太平胜景的虚浮感。作为规则开创者，美国还有一种巨大优势，就是诉讼力，美国的律师无所不在、无孔不入，但诉讼主义的过度兴盛，不仅带来了巨大的交易成本，而且它从根本上是保护既得利益群体和既有游戏规则的，从客观上是妨碍创新和自下而上的社会流动的。

美国制度有其优越性，但也存在不少问题和深层次矛盾，很多美国和他国的学者都做过严肃研究，特别是在2008年次贷危机之后。

六

再说中国。

改革开放前，相比发达国家，中国经济的市场化、法治化水平很低，制度也不完善，但中国通过变革进行制度完善的努力从未停止过。

西方经济学家强调"斯诺增长"（源于贸易与专业化分工的增长）、"熊彼特增长"（源于创新的增长）、"奥尔森增长"（源于改进激励政策、降低交易成本的制度创新的增长），这些增长在中国一直在发生。中国经济制度的演进方向，和尼克松引以为傲的"解放了个人的创造力"并无二致。

除此之外，中国还有超级奋斗的人力资本，有地方竞争背景下的"两个经济人"（企业是市场主体，政府是创造环境的主体），有多种成分并存的混合经济，有后发成长易于使用新技术、发展新经济的"弯道超车"……这一切结合起来，让中国脱胎换骨。

中国一直都是有自己的特色的，但只有当这种特色和以人为本的方向、人类共同价值、全球化开放合作秩序相结合的时候，中国才能脱颖而出。

中国道路也证明了，哪怕一开始很不完善，但只要是"活的制度"，即制度始终处在改善之中，其所激发的创造能量，就会比那些优越的"固化制度"更大、更多。

如果有机会跟美国朋友讲中国故事，这就是我的基本脉络。美国精神的闪耀时刻是西部探险、是硅谷传奇，中国的改革开放也造就了无数中国的探险与传奇。因为基数低，更因为充满危机感和追赶意识，中国制度变迁的速度更快，创造增量的意愿更强。

中国的制度并不是最完善的，还有不少漏洞和不足，但中国在制度的完善速度方面可能是世界上最快的国家之一。这是中国的力量之所在。我从太多案例中可以预见，中国创造力的喷发远未结束。依托今天的资源、技术、合作与想象力，中国为人类做出新贡献，创造出各种“新四大发明”的时代才刚刚开始。

七

我在20世纪80年代接受大学教育时，将现代价值观融入了血液，其中有很多知识和观念都源自对以美国为代表的发达国家的学习。

从中美贸易摩擦起，我写过很多文章批评特朗普政府的做法，但我反对逢美就反，反对“只要谁说了一句中国的不好，就会被认为不好”。如果我们的国家一直都是如此之好，好得什么都说不得，那根本用不着搞改革开放。忘记历史，特别是忘记历史的真实，就意味着背叛。

正是在接受现代价值观的过程中，我深深体会到，要用自己的眼睛去看世界，要有勇气用自己的理智去思考。简单地把某国的今天作为中国的明天，这恰恰是主体性思维丧失的表现。

歌德在《浮士德》中说：“凡是赋予整个人类的一切，我要在我内心里自我体验，用这种精神掌握高深的至理，把幸与不幸堆积在我的心里，将我的小我扩充为人类的大我，最后我也像人类一样没落。”不经自己独立的观察、判断、思考，主体性人格就无法建构，人的自由全面发展也无从达成。

大学毕业后的30年，我很幸运，主要是在珠三角和长三角，见证了中国经济改天换地的过程，这些实实在在的经历让我深信，现代价值观青睐中国，中国有机会成为现代价值观的践行者，真正造福人民，并为世界做出应有贡献。司马迁尝言：“居之一岁，种之以谷；十岁，树之以木；百岁，来之以德。”百年复兴，百年功业，不靠巧，不靠术，靠德，靠诚，靠和人类文明接轨的现代价值观。对此，须臾不可忘怀。

今天是一个新的关键时刻。

尼克松在1988年展望千年一遇的2000年的时候说，“在这历史性的一天，人类将首次面临这样的选择：不仅是我们能否使未来变得比过去更美好，而且是我们能否活下去过未来的好日子”。

美好的价值有时也很娇嫩，需要不断照料和培育，如果疏怠，或者持无所谓的态度，它也会凋萎以至死亡。

我们要努力防止全球激进主义、民粹主义，尽力维护作为全球化基础的互信。即使接下来，全球化进入一个迂回期、困难期，也要相信，全球化体系在一定调整后还会以新的形态出现、以更高的水平呈现，并为此付出努力。

我们要进一步推动国家治理体系和治理能力的现代化，从“政策驱动型的制度变迁”迈向“价值观驱动型的制度变迁”。如此不仅可以使中国价值在全球获得更大的通约性、认同感，在我们这个14亿人口的大国内部，也能让所有人感到，改革、开放、发展的道路不会摇摆，而将更加定型化，更加可预期。

解放思想，实事求是，以人民为中心，为人民利益而变革，这是中国道路活的灵魂。越是外部环境出现压力,我们越要清醒。

我们不是要活在别人给自己造成的阴影里,我们要活在为明天创新价值的努力中。关关难过关关过,办法总比困难多。

中国需要新的话语体系,让中国梦也成为世界梦、文明梦、开放梦。中美之间需要再认识,再平衡。

我们今天所做的一切,如同改革开放之初我们的先辈们做出的历史选择一样,将对未来产生深刻而长远的影响。责任不可谓不重,选择不能够不慎。

2020 年 4 月 19 日

中国再开放，万重山外，还有无限江山

一

前面几篇文章都是在探讨，在新冠肺炎疫情的全球性影响后，作为全球化受益者和推动者的中国，该如何应对。

一个核心思路是，无论全球化怎样变化，中国都要继续坚持对外开放和对内开放，坚持和现代价值观以及现代市场经济秩序不脱钩。

中国因开放而兴，是全球第一贸易大国（2019 年前三季度出口占全球 13.1%，进口约占全球 11%），外贸部门直接或间接带动的就业人口在 1.8 亿以上。

中国越发达的地方，外贸依存度（进出口贸易总额 /GDP）越高。据第一财经统计，中国大陆有 14 个城市的外贸依存度超过 50%，分别是：东莞、苏州、深圳、厦门、金华、上海、珠海、北京、中山、宁波、大连、无锡、天津、青岛。绝大部分都在沿海地区。佛山、广州、绍兴的外贸依存度也在 40%以上。在中西部城市中，外贸依存度超过30%的有 3 个，分别是郑州、西安和成都，这几个城市近年的经济表现都很亮丽。

由于内需的作用越来越显著，中国的外贸依存度一直在下降，从 2007 年的 66%左右下降到 2019 年的不到 32%。这和 2008 年金融危机后全球贸易对 GDP 占比的下降趋势是一致的。

但和全球趋势相比，中国外贸依存度的下降速度过快了一些。2008 年全球贸易与 GDP 之比为 51.86%，2018 年为 45.9%，下降了 6 个百分点左右。而中国同期下降了 27 个百分点。

中国当下强调“六稳”，特别提到稳外贸、稳外资，应该不是偶然的。而且外向型经济不仅关乎增长与就业，对一个区域的发展视野、开放度、国际化接轨程度、信息流通程度、管理与技术的先进程度，乃至人的素质与社会文明的发展，也有重要影响。

这篇文章的主题就是，中国为何要再开放、更开放。

二

在新冠肺炎疫情对全球经济的阻断下，越来越多的人认为，全球化的黄金时代已经结束，今后将不可避免地进入“逆全球化”“有限全球化”“双轨全球化”等情境。悲观者更认为，世界将越来越分化、分离、对抗，甚至出现战争。

我认为，今后的全球化，确实将是附加更多约束条件的全球化。对中国而言，未来将面临 4 种新的压力：

1. 各国将更多地考虑供应链的安全与可控,因此会降低对进口产品的依赖度。

2. 各国在国际贸易中会更加关注贸易公平。与此同时,在一国内部,将更多地实施国家干预,运用政府这只手,促进那些"关键到不能倒"的行业的发展。

3. 各国对贸易往来国在政治信任和价值观信任方面的要求将会提高。

4. 各国对外部资本、外国企业的合规要求将会更多、更严。美国证监会 2020 年 4 月发布声明,要求新兴市场到美国上市的公司"应该以简明扼要的英文提出风险,并具体阐述"。这就是新的合规要求。

全球化附加新的条件并不可怕,我们要做的是积极应对、建设性调整,而不能让这些附加条件产生"去中国化"的效果。

国内有一种声音,中国内部市场足够大、供应链足够强,就算未来脱钩,全球化变成"一个世界两个系统",也吓不倒中国。纯粹从底线思维讲,这并不是错,但却是一种非常消极、被动、狭窄的思维,而且对世界的判断也是以偏概全。如果这种声音扩大化、一致化,很可能出现那种人群齐步走引起的桥梁物理反应,"诱致"脱钩真的发生。

我们确实需要一些平常心,以及对自己的信心。

2020 年 4 月,红杉资本的沈南鹏和全球最大另类投资集团黑石集团的主席苏世民对话,他问:"有一些国家正计划将其生产和供应链搬回国内,这是否预示着世界正走向逆全球化?"

苏世民回答:"我认为这并非就是关于全球化的表态。现在很多公司从中国获得产品供应的能力经历了严重的错位。我认识一个时装业的老总，他说，‘我的货源100%来自中国。我现在什么货都拿不到，我的公司要倒闭了’，一旦遭遇过这种情况，普通的生意人就会说，我不能再让自己的风险敞口全部集中在一处——不管是哪个国家，我必须让自己的供应链更加多元化。世界各地都有人学到这样的教训，未必是要针对中国……至少他们需要重新审视自己的供应链现状。我认为可能会发生的与其说是撤走现有业务，不如说是增量业务可能将回归离本国更近的更多地方。各行各业的生意人都在说，我只是不想将所有业务都集中在一个国家。”

沈南鹏又问：“无论是行业还是国家，都应该努力优化其供应链，避免过度集中，这是对国家和行业最有利的？”

苏世民回答：“是的。但即便如此，那些极具竞争力的国家，比如中国，还将处于优势地位。在走出此次疫情带来的经济下行之后，中国很可能会是全球范围最强的增长型国家。”

我觉得他们所说，都是客观的情况。我们不要把一些正常的调整当作不正常的脱钩，就如中国内部，因为要素价格的变化，也一直存在着区域间的产业转移。

三

很多人接着会问，如果有些具有卡脖子能力的国家就是要和中国脱钩怎么办？

我的答案是，中国会受到打击，但打击是暂时的，中国不会被击垮。中国是从“两弹一星”年代走过来的，外部的高压只会逼得中国人愈挫愈勇，自强不息。

更何况今天中国有上亿户市场主体，中国是120多个国家和地区的主要贸易伙伴，中国在海外的直接投资规模从存量看居世界第三(截至2018年年底为1.9万亿美元)，从流量看居世界第二，中国的对外直接投资企业以及对外经济合作业务(如对外工程承包和对外劳务输出)遍布全球190多个国家和地区。中国需要世界，世界也需要中国，怎么可能脱得了钩呢？

在经济全球化下，很多产业高度融合，很难再分离。也许会调整，但不代表脱钩，只是以新的方式挂钩。

2019年华为发布P30Pro手机后，日本一家研究公司(Fomalhaut Techno Solutions)通过拆解发现，在1631个零部件中(总价值为363.83美元)，中国大陆企业提供了80个(价值占比为38.1%，下同)，日本企业提供了869个(23%)，美国企业提供了15个(16.3%)，中国台湾企业提供了83个(7.9%)，韩国企业提供了562个(7.7%)。

研究还表明，从价值占比看，美国苹果的XS高端机型，对韩国零部件的依存度达到32.9%，对美国零部件的依存度达到30.7%，对日本零部件的依存度为13.5%，加在一起超过77%。但苹果手机的生产加工，主要又是在中国大陆完成的。

这些研究表明，没有哪一台智能手机可以全凭一国之力做出，都是多国供应链合作的产物。区别在于，华为因受美国打压在供应链上不断“去美国化”，提升国产化程度，苹果在供应链上则更加日韩化。

华为消费者业务CEO余承东说，美国公司离不开中国供应链，中国公司也离不开美国供应链，互相反制对双方都是巨大伤害。但美国的制裁，“会让我们从没有生态的硬件公司，成为有自己生态的伟大公司。塞翁失马，焉知非福”。

中国在国际贸易方面的确存在一些问题，如知识产权保护、技术转让、政府补贴与公平采购等，中国自身也在修正，而美国选择的打压与封堵的做法，事实上无助于解决美国的结构性问题。

曾任世界银行行长的罗伯特·佐利克在2020年2月发表的一篇文章中，援引了彼得森国际经济研究所查德·鲍恩的一项研究，指出：特朗普政府对中国加征的关税覆盖美国从中国进口商品的近2/3，平均税率为19.3%，而加征之前为3%；中国的报复性关税覆盖美国对华出口商品的57%，平均税率为20.5%，加征之前为8%。

显然，目前中美双方的平均关税水平已非常接近，而这是在一个国家的人均GDP只有另一个国家的1/6的情况下达成的。同时，“与美国不同，中国一直在下调对除美国之外的其他贸易伙伴的关税并致力于解除贸易壁垒”。

佐利克说，美国需要挽救、升级乃至扩大以开放精神、对规则的遵守和纠纷的公平解决为特征的国际贸易体系；美国需要向其他国家展现美国作为规则的制定者和贸易机会的提供者的形象；美国需要在与中国展开互利合作的同时管控好两国之间的分歧。美中两国作为“利益攸关方”展开合作并不意味着它们之间没有分歧，“利益攸关方”之间也存在竞争关系。对分歧的管控应该在一个能够产生共同利益的更大的框架内进行。

以中国在全球经济中融入的广度和深度来看，我认为中美之间接下来大概率不会走向“新冷战”，而会走向“新竞合”，即竞争与合作并存，在竞争激烈的敏感地带可能会产生一定疏离，但总体上脱不了钩。当然，摩擦、谈判和不断磨合，会是长期性的。

四

事实上，在过去的若干年，全球已经有不少国家对中国供应链进行抑制，主要是通过“双反”加征关税的方式。但中国企业并没有因此而衰退，而是运用全球视野，在全球进行资源布局，以消化“双反”的影响。

中国企业家面对外部挑战的精神和能力，是超乎寻常的。

我举几个例子加以说明。

第一个例子是总部位于嘉兴的全球最大玻璃纤维企业——中国巨石股份有限公司（以下简称“巨石”）。2008 年的金融危机令世界玻纤巨头纷纷亏损裁员，它们以中国是“非市场经济国家”、对企业有很多补贴、向国际市场倾销为由，策动相关国家对巨石提起“双反”调查。2009 年 12 月，欧盟发布公告，对中国输欧长丝玻纤发起反倾销调查，2010 年 9 月，初裁反倾销税率为 8.5%～43.6%。如果是国企，则直接加征最高税率。巨石是混合所有制企业，一开始税率也有 31.8%。同年，印度和土耳其也先后发起针对巨石的反倾销调查。

“巨石对欧盟的出口，原来关税是 7%，反倾销之后是 38.8%，而我们的利润率只有百分之十几。我们这才意识到，巨石虽然产能是世界第一，但还不是世界级公司，因为产地太单一，都在中国。巨石‘走出去’搞国际化，是被逼上梁山。”巨石总裁张毓强说。

他们第一时间成立了反倾销应对领导小组，聘请了中国、布鲁塞尔、印度在公平贸易方面的著名律师，填写问卷、提出抗辩、参加听证，还积极寻求商务部、工商协会、地方政府的帮助和支持，并通过举行听证会、积极游说等方式，发动下游玻纤用户向反倾销调查当局提出明确的反对意见。通过一年积极应诉和化解，2010 年 12 月，欧盟对巨石最终加征的“双反”税率为 13.8%。土耳其一开始的临时反倾销税率为 38%，终裁税率为 23.75%。印度最后的反倾销税率为 18.67%。

尽管欧盟等对巨石的反倾销税率降低了，但张毓强下了决心，要真正解决问题，就要到不受反倾销影响的地方直接进行投资、生产和销售。他们选择了埃及。埃及基本可以就地解决生产玻纤的原料问题，劳动力便宜，产品运到欧盟运费低，最重要的是，埃及不涉及欧盟的反倾销，而且为了积累外汇，埃及还对出口创汇企业实行 100%退税。

从 2012 年至今，历经努力，巨石埃及已经成为中国企业在非洲的一颗明珠，年产玻纤 20 万吨，近 2000 名员工中 98%都是埃方员工，机器设备和技术都是最先进的，在环保方面做到了“零污染”，得到了埃方的信任和好评。

但问题并不会一劳永逸地解决。2019 年 2 月，欧盟针对埃及和中国的玻纤织物和玻纤纱又开始进行新一轮反倾销调查。重点对象之一就是巨石埃及。根据巨石内部的评估，巨石做得光明正大，没有什么把柄好抓，只要奉行公平交易原则，即使真要加征，也不会被加征比较高的税率，可能只是几个百分点。此外，巨石埃及可以向美国发货，再由美国向欧盟发货，虽然多了一些运费，但能够避免受到关税变化的影响。

张毓强说：“巨石在国际市场的新常态，就是要将全球各生产基地的产品交叉互补。我们只能进攻，未来在欧洲、东南亚、美洲再布局、再加强，再有三四年，竞争对手可能就完全没有办法了，只能让市场进行终裁，承认我们才是老大。”

有人或许会说，“走出去”那么麻烦，风险又大，好好把国内市场做好不就行了吗？

答案是：如果中国企业不“走出去”，会被憋死，因为我们的产能太大了。当全球化的外部约束增大，中国企业无法再走“以内供外”的路子，必须“以外供外”，未来甚至可能“以外供内”。

张毓强说，国外有些地方的政策非常利于投资，比如马其顿、斯洛伐克，“在自贸区建设工厂是零关税，企业赚多少钱都可以拿走，企业的投资额在 5 到 10 年内最多可以拿走 90%”。

五

我想举的第二个例子，是总部位于宁波的全球最大纵向一体化服装制造商——申洲国际集团控股有限公司（以下简称“申洲国际”）。

在过去差不多 10 年时间里，申洲国际在柬埔寨和越南建起了规模宏大的一系列成衣工厂和面料工厂。

在柬埔寨，目前员工有 1.2 万人，成衣产能为 25 万件 /天，是柬埔寨最大的外资服装企业，享受柬埔寨对欧盟出口的免税政策，年产值占柬埔寨 GDP 的 1.5%（柬埔寨有大量旅游收入等未计入 GDP）。

在越南，目前有 2.4 万名员工，产能为面料 400 吨/天，成衣 25 万件 /天，鞋 2.5 万双 /天，完全达产后产值将占越南 GDP 的 0.5%。越南给予的所得税优惠政策为“4 免 9 减半”（即 4 年全免，9 年减半）。

但申洲国际打动我的并不是这些数据，而是下面这样的故事。

有一次，越南的一位领导人见到申洲国际董事长马建荣，一脸冷淡。第一个问题问的是环保。马建荣回答："越南的废水排放标准，COD（化学需氧量）是100（每公升100毫克），我们是20以下。"第二个问题关于员工待遇。马建荣说："我们员工的待遇比本地水平高15%。"第三个问题关于税收。马建荣向他试算了税收优惠期结束后每年的贡献。结果，这位越南领导人立即满面春风。

"我们'走出去'，是要代表中国的软实力，我们也是在做民间外交。"马建荣说。申洲国际在越南和柬埔寨的工业园，无论是自动化的织造染整设备、恒温恒湿实验室、监测中心、立体货架仓库，还是与政府共享数据的污水处理厂，以及条件良好的员工食堂、宿舍、操场、篮球场、游泳池、咖啡厅、台球室等，无不体现出今天"走出去"的中国龙头企业，完全是按照世界级企业的要求在运营的现实。

中国民营企业家有着最敏感的嗅觉，他们为了走向世界，可以跑遍一切可能的投资地。最终找到比较中性化的、政策又很优惠的国家投资。有人或许也会问，为什么不好好待在自己的国土上呢？

答案是：第一，无论从要素成本还是出口的关税条件上看，在中国已经不经济；第二，你可以缩在国内，但你的国外竞争对手会到那些成本更低的地方投资，并在那里建立起由他们主导的供应链网络，最后在市场上打败你。所以，千难万险，千山万水，还是要"走出去"。

我想举的第三个例子，是湖州安吉的一家上市公司——中源家居股份有限公司（以下简称"中源家居"）。它的市值只有20亿元左右，远不能和申洲国际、巨石相比，但也很有特点。它99%的产品出口，一半出口美国。

中源家居的董事长曹勇指着一台办公桌问我:“你猜猜多少钱?使劲往下猜。”我说:“800 块吧。”他说:“25 美元。”我惊讶怎么能做出来,他说:“就在我们安吉这一个县,就有两三千家和家居相配套的各种各样的中小企业,高度分工和专业化,把每一种配套的性价比都做到极致。全世界的办公家具,每 3 把椅子就有 1 把来自安吉。我只要现在打个电话,20 分钟之内,所有配套的东西都会运到我这里,然后组装,这样的网络优势举世无双。”

疫情的冲击让曹勇加快了通过跨境电商打造自有品牌的速度,虽然这部分业务目前的规模还很小。它们原来基本做代工,代工的问题不是利润低,而是中间渠道习惯做成熟产品,对创新不感兴趣。如果通过跨境电商打造自有品牌,就可以直接接触 C 端的消费者,在 C 端数据的牵引下,可以更好地进行创新。有创新才有真正的未来。

曹勇说:“做品牌挺不容易,但如果能做出来,附加值就会提高,零售价加几个百分点很容易,就比做代工还要被加征关税好做得多。”

六

已经有好几年时间,每当我对中国经济和环境感到压抑、不知出路何在时,我就会到一线的企业里,呼吸一些新的空气。

其实每个成功企业走过的路都不平坦,很多都是九死一生,中国企业家和无数劳动者所受的压力和委屈要是能倒出来,估计可以溢满若干条河流。但是,他们更多看到的是,他们生逢几千年、几百年难得的国运,他们是世界上最不怕吃苦和最有商业头脑的群体之一,因此他们有巨大的空间和机会,用奋斗和创新绽放自己、造福企业、贡献社会。

如我之前曾经写过的，中国企业的竞争力远不只是成本竞争力，还包括效率竞争力、管理竞争力，以及正在喷薄而出的创新竞争力。

根在中国的新跨国公司时代，刚刚开始。中国经济不只是中国之内的经济，还包括在全球的所有中国人、所有中国资本创造的经济。

之前有段时间，我也非常担心，全球化会变成“半全球化”，中国的发展空间会被堵住。而这些调研让我意识到：只要把眼光从中国移向全世界，就会发现，在一个更大的赛场上，很多中国企业早已走了出去，在全球精心布局，以创造更大价值。我突然觉得，万重山外，还有无限江山。

中国企业，特别是在市场化、国际化环境中打拼出来的中国民营企业，如果它们今天才考虑“逆全球化”的问题，那已经太晚了。事实上，它们早已出发，虽然默默无闻，却在全世界很多地方牢牢扎根。它们是中国人的经济，也为投资国创造了就业机会、税收，拉动了经济增长。

所以，只要我们自己不阻塞自己的想象力和生命力，谁也堵不住中国人的发展之路。

我们的确面对着更多的全球化约束条件，这也是客观现实，但如果我们能够真正意识到，全球各地对于安全、环保、本地化利益、公平贸易的重视，并不是阻止中国“走出去”的障碍物，而可能给中国企业带来新的机会、激发、超越和升华，那么我们就能化被动为主动，以建设性的态度推动更大范围和更高水平的开放，推动中国的再出发。

1. 利用中国的市场优势，向外资进一步打开大门，让它们分享中国大市场。

2. 鼓励有条件的企业积极“走出去”，造福投资地，做投资标兵，树中国形象。

3.利用《中华人民共和国外商投资法》，更好地保护和吸引外商投资，扩大外资便利条件。凡在中国投资、遵守中国法律的外企都是中国企业，我们要一视同仁。

4.继续推动中美贸易谈判、中欧投资协定谈判，致力于在开放、非歧视、公平竞争、透明和互利基础上打造更平衡、更和谐的双边经贸关系。

5.团结一切力量致力于WTO改革合作，坚定支持以规则为基础、以WTO为核心的多边贸易体制，反对单边主义和保护主义，按照竞争中性原则推动内部改革，同时不断提高中国企业在“走出去”过程中的合规水平。

6.继续推动更高水平的区域经济一体化。与东盟、日、韩（10＋3）进一步减免关税、取消壁垒、畅通贸易、促进投资、相互开放市场，力争如期签署区域全面经济伙伴关系协定（RCEP），加快中日韩自贸区谈判。

7.从制度建设、社会治理、舆论氛围、国家形象建构与传播等方面，营造更好的改革开放的氛围。不要把全球化的调整理解为“与中国脱钩”，而要把全球化的调整与压力，化为促进对内对外更加开放、实现更具吸引力的全球化的新动力、新契机。

…………

世界并不尽如人意，但未来掌握在我们每个人手里。看长远，信自己，爱世界，中国才会有更远大的未来。中国是上一轮全球化的赢家，也应该成为下一轮全球化的负责任的推动者和建设者。

2020年4月26日

中美信任危机，中国怎么办

一

乌云弥漫的中美关系，形势正进一步严峻。

从华为被封杀到 TikTok、微信可能被封禁，乃至白宫释放出对中共党员及其家属实行全面旅行禁令，一些过去觉得不可想象的事都在变成可能。

2020 年 7 月 14 日，美国全国广播公司（NBC）报道了特朗普在白宫的一场演讲。他在演讲中多次说，本届美国政府是“历史上对中国最强硬的一届”。谈到华为，他说：“我们说服了很多国家，不要使用华为，大部分是由我自己亲自做的。因为我们认为华为是一个巨大的安全风险。”

信任是国际关系中最好的黏合剂，也是大国关系中的稀缺品，因此有理智的大国领导人在面对大国矛盾分歧时，总会有长远观和大局观，尽量不做极端的、刺激对方底线的选择，以免局面失控，向不可挽回的对抗演化。

但特朗普在这些方面恰恰“太没谱”。

从贸易摩擦到关系恶化，冰冻三尺非一日之寒，要解决中美关系问题不可能一蹴而就。而特朗普采取的“挑事”“泄愤”“极限施压”等姿态，只会让解决问题的氛围越来越糟。他有时是真刀真枪真要干，有时纯属发泄，有时转移视线虚晃一枪，有时又说过就忘迅速变脸。

二

2020 年 7 月，我碰到几位资深银行人，其中一位曾在一家中资银行纽约分行工作过 10 年，他说当年被派到美国时觉得“像要去天堂”，怎么也想不到美国政府会变成今天这样。

中美建交 40 多年，中国人大致有几个阶段的心路历程。

1. 一开始觉得自己真不行，美国什么都很行，所以要开放，学习美国。

2. 2001 年，有了一定的信心，加入 WTO，想知道在 WTO 的世界、在国际市场上，自己到底行不行。

3. 2008 年，美国次贷危机，开始觉得美国也不是那么行。

4. 这一次新冠肺炎疫情，发现美国在有些方面真不行，而我们却很行。

这样总结后，大家看开了一些，盯住长远，守住底线，逢山开路，遇水搭桥，对特朗普、蓬佩奥的一些言辞不必过于介怀。他们从过去“真的很行”到现在在这么严重的疫情下拼命说自己“很行”，心态别扭得厉害，恨不得马上有个替罪羊以缓压，我们何必自己动肝火，口水又不能当饭吃，何况中国自身的任务也很多、很艰巨。

一位朋友还指出，特朗普政府不等于整个美国，美国是“大熔炉”“万花筒”，有很多州、市和社区，很多大学，很多企业，很多社会角色和利益主体，包括几百万华裔。尽管中美关系有恶化的一面，但还是有合作交流的空间，不是只有越来越坏的一条路。

《纽约时报》专栏作家托马斯·弗里德曼此前对《新京报》专栏作家连清川说，“我相信中国和美国能够在更广泛的地方建立起桥梁，美国有许多像我这样的人”。美国政治学家福山也说，如果中美冲突不可避免，一种健康的关系是“要保持开放的对话，让两国人民相互沟通”。福山还认为，中美之间不是“新冷战”，“完全没有冷战时的面相。中美之间在经济上的相互依存度很高，而美国与苏联之间从来不曾如此”。

在 2014 年中美战略与经济对话以及中美人文交流高层磋商时，中国领导人提出了一个概念，叫“聚同化异”。当时外交部新闻发言人说，以前我们讲“求同存异”，这一次提出中美之间要“聚同化异”，也就是说，在处理分歧的时候，我们要积极主动地缩小差异、减少分歧，这表明我们对处理彼此间的分歧持有更加积极和建设性的态度。

今天中美关系的压力比 2014 年要大很多，从奥巴马时期的“相互尊重、互利共赢的合作伙伴关系”，到特朗普签署的《美国国家安全战略报告》中所定义的“头号竞争对手”，美国变脸变得厉害。但是“聚同化异”的原则并未过时，越有分歧，分歧越大，反而更应“聚同化异”，而不是听之任之。

三

“聚同化异”最核心的问题，是价值观。

近期中美关系恶化的一个重要表现，是从经贸利益之争，升级为国家安全利益之争、地缘政治利益之争，以及意识形态之争、价值观之争。

2020 年 6 月 19 日，蓬佩奥在美国加州连线参加“哥本哈根民主高峰会”，喊话欧洲国家捍卫民主，应对“中国挑战”。他先是赞扬“资本主义民主”，说资本主义是“历史上最了不起的消除贫困项目”，随后开始抨击中国，指责中国侵犯人权、中国人没有自由，表示希望听见更多来自欧盟的公开声明，说这不是在美国与中国间做选择，而是在“暴政或自由间选择”。

这是一种非常典型的美国意识形态范式，即美国是自由、民主、人权的灯塔，中国在这些方面的表现是不行的，而且和美国是对抗的。2020 年 7 月，托马斯·弗里德曼在接受凤凰网采访时说的一段话，也清楚地表明了价值观问题的重要性。

“在过去 40 年时间里，美国卖给中国的是深度产品，软件、电脑、微芯片，这些产品进入了你们的生活和产业；而中国卖给美国的是浅度产品，服装、玩具、农产品。现在，情况要反过来了，你们想卖给我们深度产品了。卖浅度产品没关系，但是卖深度产品，双方之间的价值观问题就出来了。我们之间彼此的价值观是没有互相信任的基础的，而深度产品的相互交换，是需要以价值观作为基础的。

所以，当中国想向美国销售深度产品的时候，美国就警觉了、紧张了。这是当下的关系紧张的一个重要原因。”

关于价值观，美国福特汉姆大学教授洪朝辉 2013 年在一次中美关系的研讨会上就提出：中美关系从 1972 年到 1979 年的基础是共享的敌人（shared enemy）；1979 年到 2013 年的基础是共享的利益（shared interests）；但敌人与利益随时变化，只有将两国关系建立于共享的价值（shared values），两国才能长治久安。他认为共享的价值就是来自《圣经》《论语》《道德经》等中美文化经典的三个精髓——和（peace）、爱（love）、忍（toleration），“如果中美两国不能立刻致力于建设共享的价值，两国关系可能不进则退”。

在我看来，无论是与美国“聚同化异”、深度交流，还是增强中国在全球的软实力，我们都应该对中国价值观以及中国价值观和世界各国价值观的关系有更清晰和有力的表达。

而 2020 年是一个特别恰当的表达时机。一是中国抗击新冠肺炎疫情有良好表现，二是中国将兑现在现行标准下农村贫困人口全部脱贫的承诺。这两方面都攸关民生，中国在这两方面的表现放在全世界都可圈可点，对人权发展有高度的说服力和解释力。

过去我们经常讲“不同的道路”，今后要更多讲“共同的价值”。即中国人的价值观和全世界一切追求美好生活和公平正义的人们的价值观是一致的，只是各自实现价值的路径有同、有异、有交叉。谁的路更好，让事实来说话，让人民来判断。我们有不足，自会反躬自省，并按照合适的时间表加以改善。

在中国文化传统中，这就是“月映万川，理一分殊”的道理。“万物皆有此理，理皆同出一原，但所居之位不同，则其理之用不一。”万物是同一个“生生之理”的不同表现。“仁者,以天地万物为一体”,中国文化遵循的“生生之理”就是以人为本、仁者爱人、己所不欲勿施于人。中国的价值观源远流长,完全讲得出来。

四

在1998年、2008年、2018年举行的纪念《世界人权宣言》发表50周年、60周年、70周年座谈会上,中国国家领导人都写了贺信。

1998年的贺信指出,中国政府和人民将人权的普遍性原则和中国的具体国情结合起来……进一步推进我国人权事业,充分保障人民依法享受人权和民主自由权利。

2008年的贺信指出,党和政府把尊重和保障人权作为治国理政的重要原则,“我们要一如既往地坚持以人为本,既尊重人权普遍性原则,又从基本国情出发,切实把保障人民的生存权、发展权放在保障人权的首要位置,在推动经济社会又好又快发展的基础上,依法保证全体社会成员平等参与、平等发展的权利”。

2018年的贺信指出,人民幸福生活是最大的人权,中国共产党从诞生那一天起,就把为人民谋幸福、为人类谋发展作为奋斗目标。“中国坚持把人权的普遍性原则和当代实际相结合,走符合国情的人权发展道路,奉行以人民为中心的人权理念”,“协调增进全体人民的经济、政治、社会、文化、环境权利,努力维护社会公平正义,促进人的全面发展”。“中国人民愿同各国人民一道,秉持和平、发展、公平、正义、民主、自由的人类共同价值,维护人的尊严和权利,推动形成更加公正、合理、包容的全球人权治理,共同构建人类命运共同体,开创世界美好未来。”

由上可见，今天中国在自由、民主等人权价值方面，完全认可、尊重人权的普遍性原则和人类共同价值，党的初心就是为人民谋幸福，促进人的全面发展。随着国家治理体系和治理能力不断向现代化推进，中国也将从以经济建设、经济人权为中心的时代，升华到以人的综合权利保障和全面发展为中心的新时代。

美国在人权方面一直有天然居高临下的传教士情结(missionary complex)，认为自己是“世界人权的灯塔”，似乎别的国家一经其照耀就会自觉不自觉地矮化。其实，理在天上，只有人权理念本身才是灯塔，谁都不能说自己已经做得无懈可击，堪为别国样板。

在一些美国政客以价值观为武器、试图矮化乃至妖魔化中国政府时，中国应该主动、积极地讲人权，讲人权的普遍性，讲人类共同价值，让自己站在价值观的高地上。

首先，这本身就是中国发展的初心和长远目标。

其次，不能因为有些话语一直被美国讲，我们就想绕过去，因为事实上绕不过去。

再次，人权价值的实现有其阶段性，是一个过程，我们没有必要因为在某些方面做得还不够，就对此讳莫如深。

最后，我们积极地推进人权发展，也要给自己厘定标尺，就像中国各地政府对照世界银行的营商环境评价指标进行改进一样。在经济、政治、社会、文化、环境权利方面，有更高的目标，才能超越自己，让人民群众的获得感、安定感、自由度、幸福感不断提升。

人权不是谁的专利，发展好人权是我们自己的责任。只要心中有明月，日拱一卒，诚心实意，中国的人权也将会和中国的市场经济一样，功不唐捐，不断向前。

我们应该破这个题，更好地解这个题。站在2020年的起点上，应该有理想、有信心，也要有计划和步骤，力争再用几十年时间，让人权发展成为中国贡献给世界的一张名片。如此才是我们这个文明古国的伟大复兴时刻，即不仅站起来、富起来、强起来，而且在价值观意义上，让世界想到中国，就能想到尊重、亲和、仁爱、包容、向往等等。

这既是对世界的贡献，也是每个生活在这块土地上的中国人最大的福祉。

五

除了在价值观上主动发声，让世界更好地了解和认同，在一些具体问题中，我们也要注重拥抱理性和弹性。

也就是说，不是把问题往更糟、更极端、更加诛心、非此即彼的方向去推演，而是更多地探求磨合、妥协之道。只要有弹性的、具有建设性的可能，就不放弃接触、交流、建议。

对双边都有好处的，比如中美贸易谈判第一阶段协议中的很多内容，我们就要继续推动。生意中没有敌人，只有客户。

要相信有些情况也是会变化的。比如英国政府在 2020 年 7 月 14 日正式表态，要求该国电信供应商从 2021 年起停止从中国华为公司购买 5G 设备，并在 2027 年之前拆除所有华为公司的设备。这样的规定虽令人不齿，但仔细看，其中还是有些奥妙。

英国禁购华为 5G 设备的主要理由是美国制裁华为，华为不能再用美国的芯片、操作系统等，导致 5G 产品的安全没有保证。但是，由于美国的制裁只会影响未来的设备，英国政府得到建议称，没有任何安全理由移除华为提供的 2G、3G 和 4G 设备。

在2020年12月31日前，电信运营商仍有时间购买足够的设备，美国政府也没有禁止华为对这些已购的设备进行维护。从现在到2027年还有非常长的时间，这中间依然充满变数。第一个变数就是2020年美国大选后美国政府对中国和华为的态度。

现在有一种说法，即“中国正在被围堵”。如果我们自己天天这么想，觉得外面的人都心怀叵测、图谋不轨，那么就会更多地陷入不平和怨恨的情绪中，在心里垒起高墙。

但如果客观、全面地分析，将中国和所有贸易伙伴的关系逐个定量分析，也许就会有不一样的结论。

1.中国和绝大部分贸易伙伴的关系是正常的、发展的，相互依存度是提高的。

2.和有些国家的贸易涉及“不公平贸易”问题，但这不是无解的。

3.在东亚、东南亚深化一体化经济合作的前景是存在的。

4.和欧盟之间有合作、有竞争甚至斗争，但合作面更大，且欧盟总体上追求独立，不会倒向美国，中国市场对欧盟很多国家的重要性是提升的。

5.2020年上半年中美贸易总值同比下降6.6%（对美出口下降8.1%，自美进口下降1.5%），虽然比整个中国货物贸易进出口的表现（同比下降3.2%）略差，但偏离度不高，中国仍在信守承诺，履行协议。

中国的某些产业和某些环节被某些国家围堵、打压，这是事实。但“中国正在被围堵”的说法，徒增恐慌，并无益处。中国制造是靠实实在在的价值走向全球的，是受欢迎的和平交换，不是用坚船利炮逼着谁买的，它们能从中受益，凭什么要围堵中国而自断利益？

当然，信任是多方面的聚合，不是只有生意。我们要从中国长远发展的大局出发，高度重视国际信任问题，多添砖加瓦，少增加信任赤字。我们对国际社会的态度，包括对外部一些不友好人士的回应，都要有跳出一时一事得失的高度，要看得更通透，要让世界看到中国的胸怀和善意。

六

2020 年的世界充满了不安和不确定。对中国来说，这可能是过去 20 年最难的一年，也是面对未来最需要挺住的一年。

中国能安坐于不安之上，打造出具备反应、抗压、可持续三大基础能力的“高韧性社会”吗？

我想到诺亚控股集团首席经济学家夏春讲的一个故事。他在美国读的经济学博士，在香港工作多年，是香港大学经济与金融学院的兼职教授。

夏春说：“香港的金融机构过去关于中国问题的专家都是外国人，但他们后来都被中国人取代，因为外国人长期对中国持悲观看法，认为中国经济没有办法很好发展，在他们都错得一塌糊涂之后，最后都让中国出去留学的博士来做经济学家。”

计利当计长远之利，不必为眼前的这个说法那个说法一惊一乍。

风云变幻时刻，看清大势最紧要，看准大道理最重要。中国不改其继续发展之势，就是天下大势。而坚持改革开放，坚持市场化、法治化、国际化不动摇，就是大势背后的大道理。

大势是一种条件，明理并践行之，势才成实。

中国存在的问题不少，但中国在面对严峻问题时的韧性和"一定要做出个样子给别人看看"的决心，往往被低估了。

让我们和中国一起，做时间的朋友，做德性、理性和韧性的朋友。

2020 年 7 月 19 日

如果世界倒退，我们如何前进

进步与倒退

对习惯了进步并以进步为追求的人们来说，2020是一个灾年。

有朋友会问，究竟何谓进步？从国际社会的普遍共识看：进步之内涵，在《联合国宪章》《世界人权宣言》以及联合国可持续发展目标和各国宪法中都有体现；进步之表征，从联合国、世界银行、国际货币基金组织以及各国发布的经济、社会发展报告中，也都有指标可循。

进步是“二战”后形成的国际秩序的核心价值，它意味着主权独立、世界和平、经济繁荣、人权保障、技术创新等。

进步思维并不回避问题，而是认为，问题可以通过合作、协调、改革、创新加以解决。

2020年人类的最大问题，与其说是倒退本身，毋宁说是在面对倒退时，选择分裂、脱钩、后真相、各顾各。人类的进步之锚，真的开始动摇。

经济上的倒退自不必说。2020 年 6 月下旬，国际货币基金组织预测，2020 年全球经济将收缩 4.9%，全球贸易将收缩 12%，能实现正增长的经济体屈指可数。英国国家统计局 2020 年 8 月 12 日公布，2020 年二季度英国 GDP 环比萎缩 20.4%，是有记录以来季度的最大降幅。经济倒退在绝大多数国家都在发生，并引发失业和诸多社会问题。

政治上的倒退更让人失望。“灯塔”之国深陷疫情，其人口不到世界的 4%，死于新冠肺炎的人却占世界的 1/5 以上。比这更可悲的是总统对事实真相的习惯性扭曲。不列颠哥伦比亚大学教授韦德·戴维斯评论说，“他治理的主要工具是谎言，截至 2020 年 7 月 9 日，记录在案的他歪曲事实和虚假陈述的统计数字为 20055 个”，“与其说他是美国衰落的原因，不如说他是美国衰落的产物”。

面对全球性的疫情和衰退，急需全球的合作。但近年来各种国际组织都较难发挥作用，甚至失灵。现实是，国家才拥有主权，国际组织的领导人只能执行成员国决议。如果国际组织的成员国特别是大国之间没有共同的利益和追求，试图通过国际组织来解决全球治理问题将很难实现。

我在参加一个论坛时和清华大学国际关系研究院院长阎学通教授交流。他提出了“历史在进步还是在倒退”的命题。他说，世界并不总是朝着正确的方向发展，在民粹主义、专制主义、孤立主义、原教旨主义、狭隘民族主义等影响下，越来越多国家不遵守国际规范，不履行自己的承诺，不执行国际的规则，国际秩序出现了严重的不确定性。“现在主权观念在回归和强化，大家发现越来越多的事情得靠自己。今后10年甚至20年的趋势，将是各国更加强调主权，各行其政。”

各行其政是不是都行得通呢？不是，有的国家已经发生整体性倒退。

2020年8月4日，黎巴嫩首都贝鲁特港口地区发生大爆炸，死伤惨重，并造成约30万人无家可归，接着是大规模抗议活动，政府集体辞职。大爆炸前黎巴嫩已深陷衰退，大部分地区每天仅有3小时可以供电。爆炸只是压垮黎巴嫩的最后一根稻草。数万人提交请愿书，呼吁法国接管黎巴嫩。请愿书上写道：“由于制度失灵、腐败、恐怖主义和军事压制，我们认为，黎巴嫩应被置于法国之下，以建立清廉和持久的统治。”

到黎巴嫩访问的法国总统马克龙回答抗议者说，“我将与各种政治力量进行对话，并寻求新的协议”，但他表示，“你们的历史应该由你们自己来书写”。

马克龙的话，完全符合《联合国宪章》关于国家间关系应该“尊重人民平等权利及自决原则”的宗旨，但就像黎巴嫩正在发生的，抗议者呼吁从上到下改变政府，因为“他们没有给我们工作机会和权利”。在这种情况下，谁能代表真正的“自己”？

我们习惯的世界是和平与发展、合作与进步的世界，而在2020年，很多方面都在倒退，很多原则都在模糊。

哈佛大学肯尼迪政府学院教授史蒂芬·沃尔特说：“新冠肺炎疫情将强化国家权力与民族主义，将会创造出一个不再那么开放、繁荣与自由的世界。事情本可以不必如此，但是致命病毒、计划不周与无能领导这三者的结合已经使人类走上了一条全新的但却令人担忧的道路。”

从科技合作到科技脱钩

作为世界上最重要的大国关系，中美关系也在倒退。

特朗普政府对中国的施压范围越来越广，施压手段也早已超出关税领域。从 2020 年 4 月用“清洁 5G”在全球打压华为，到 2020 年 8 月蓬佩奥宣布“净网计划”，试图在运营商、应用商店、应用程序、云服务和海底电缆这五个方面都切断与中国的联系，再到极限施压 TikTok，并对腾讯的“命根子”微信发出威胁，一道道“科技的铁幕”正在落下。

中美建交后一直存在科技合作，中国入世后双方合作进一步升温。美国科技企业将生产组装外包给中国供应商，生产后运往美国或通过美国企业的分销网络卖到全球。美国企业在中国设立了不少研发中心，利用中国的人才红利服务其总部，同时也指导和帮助在中国的产业链上的合作伙伴发展。一批中国的科技企业也在美国设立分支，招募人才，展开投资。在多年合作中，双方形成了建设性的耦合关系。

一方面，中国的科技产业链得到了长足发展，构建了从中国制造到中国创造的基础；另一方面，美国的科技企业专注于前沿、高端的知识和技术创新，提高了资本使用效率，并从中国市场获得了巨大利益。

中美之间并非没有竞争的成分，但总体上，合作是主流。

特朗普上任后，对中美科技合作越来越采取隔离、脱钩的态度，具体包括：限制中国在敏感技术领域的投资并购；将人工智能、量子计算等领域的产品和技术纳入出口管制目录，严格监管和审查；先后把上百家中国公司、机构纳入“实体清单”,禁止美国科技企业与它们开展贸易;禁止美国政府采购华为、中兴、海康威视、大华等中国企业的通信和监控设备;鼓动苹果等将在中国的产业链转移到美国本土;加强对在美中国科研人员的执法调查和对中国留学生的盘查;等等。

特朗普政府为何这样做?很多人的结论都是“修昔底德陷阱”,中国强大了,美国有战略焦虑,所以要打压。其实原因是多方面的。

除了中国科技企业的全球竞争力不断提升加剧了中美双方在科技产业方面的竞争之外,更主要的原因是美国军方和情报部门担心中国企业利用人工智能收集和处理大量数据信息,对其国家安全带来挑战。“俄罗斯干预大选”风波也令美国国会和情报部门重视社交媒体“武器化”的风险。此外,美国外交机构认为中国已成为美国在全球科技外交中的竞争者(如在“一带一路”上推动数字丝绸之路建设)。特朗普的“美国优先”政策也加剧了美国社会对中国科技企业的歧视性认识,导致民众开始关注科技的“国籍”。

从历史看,美国的科技发展和军工产业的订单支持是分不开的,硅谷最早的订单就来自国防部。在某种意义上,美国是一个军工复合体(military industrial complex)国家,军工利益集团在国家话语体系中举足轻重。它们可以让每一次试图禁止私人拥有枪支的努力都无法成功,也一直通过“制造敌人”的方式提升自身的存在价值。美国的军费投入预算在全世界遥遥领先(2019 年为中国的 4 倍),在特朗普上任后从 2017 年的 6030 亿美元增加到 2020 年的 7380 亿美元。不断扩张军工产业是需要理由的,用兹比格涅夫·布热津斯基的话说就是“美国需要一个敌人”。找敌人,真假是次要的,“找到”是主要的。并非敌人真的威胁到了美国,或是美国真的想向敌人开战，而是只有“外部力量的威胁”才能让军工复合体茁壮成长，并让国民觉得理所当然。

头脑的脱钩与躯干的挂钩

和许多企业家、学者交流后，大家达成的一个基本认识是，美国对中国的施压从缩小贸易逆差(2018)到敦促结构改革(2019)，目前已经进入高技术和网络脱钩(2020)的阶段。

这背后的根本原因，是以数据为中心的新的国家安全观的建立。

21世纪大国竞争的焦点，已从自然地理空间发展到数字空间，从自然资源发展到数据资源，从普通硬件产品发展到软件、设计软件的软件、底层操作系统和互联网平台。这是没有硝烟的数字之战、数据之战。

美国的霸权并不在于占了谁的领土，而在于用软件、网络服务、金融、品牌、媒体、核心技术和关键零部件等，最大化地控制世界的运转。世界可以自由旋转，只要是在美国手中。它不能容忍有第二个国家在这方面挑战它、动摇它，尤其还是一个和它“不同的国家”。

字节跳动创始人张一鸣在给员工的内部信中写道，这次事件的问题焦点，“根本不是CFIUS(美国外国投资委员会)以musical. ly并购危害国家安全为由，强制字节跳动将TikTok美国业务出售给美国公司(这虽然不合理，但仍然是在法律的程序里，作为企业，我们必须遵守法律，别无选择)，这不是对方的目的，甚至是对方不希望看到的，其真正目的是希望全面的封禁以及更多”。

张一鸣没有写明的意思是，美国真正的目的是让TikTok与iOS和安卓系统脱钩，让TikTok不仅在美国而且在全世界消失。

尽管 TikTok 在美国注册，按美国法律运行，但它的母公司是中国的，它提供的又是互联网服务，所以美国对它必除之才心安。TikTok 可以在美国宪法下起诉 CFIUS，争取获得正当程序的保护，也可以在国际投资法框架下起诉美国政府要求赔偿，但放在国家安全这个层面上，即使 TikTok 起诉也很难获胜。TikTok 寻找微软等公司出售 TikTok 在美国的业务，是无奈之举，也是留住国际化火种、让 TikTok 不从国际互联网空间消失的明智之举。

我们可预见的中美经贸与科技关系，其大致趋势是“选择性脱钩”。

首先，中国并不愿意和美国脱钩，仍将继续努力维持和维护挂钩关系，因为经贸与科技合作对双方都有利。例如美国大豆便宜、出油率和蛋白质含量高，中国多进口一些大豆既有利于美国农民，也有利于控制中国的饲料成本，从而控制肉蛋价格，最后使百姓获益。

其次，在中国的中低端产品制造领域，美国也没有太大动力和中国脱钩，因为和中国脱钩对美国之弊远大于利。当然，如果一些国家对中国制造真有替代能力，美国也会降低对中国制造的依赖。

再次，美国会在其认为涉及国家安全的数字化竞争领域以及核心技术、关键材料等领域，进一步与中国脱钩。

美国希望中国最好一直停留在“躯干国家”层面，而中国必定要朝着“头脑国家”的方向努力。因此，中美经济科技关系的未来，就是下半身不脱钩，即躯干部分继续挂钩，但头脑脱钩。因为头脑是智能化的象征，是意识和内容的产生地。同时，美国还会在技术和材料上更紧地卡中国的脖子。

任何有经济理性的人都知道，脱钩固然能在短期，在一定程度上抑制中国科技创新的势头，但美国国家创新体系的运行成本也会升高，美国科技企业失去中国市场将大大降低盈利能力以及对前沿技术的投资能力，脱钩还会加速中国科技产业进口替代的步伐——尽管是一场持久战，但依靠市场、人才、投入的优势，只要苦攻 10 年、20 年，中国大概率会成功突围。

我们看到，脱钩不仅在中美间发生，还可能在更多国家和中国之间发生。印度在一些方面也在和中国脱钩，宁可技术发展慢一些，甚至“杀敌 500，自损 1000”，也要脱钩，口号都是“安全”。

新加坡国立大学李光耀公共政策学院院长马凯硕在《中国赢了吗？中国对美国优先的挑战》一书中说：“美国有两个选择，如果美国的首要目标是保持全球领先地位，那么它将不得不与中国展开一场政治和经济上的零和地缘政治竞赛。然而，如果美国的目标是改善美国人民的福祉——美国的社会状况已经恶化，那么它就应该与中国合作。更明智的建议是，合作将是更好的选择。然而，鉴于当前美国对中国的不良政治环境，更明智的建议可能不会奏效。”

马凯硕一向坚持亚洲立场，这话中国人听了很舒服。但美国其实有第三个选择，即为了保持全球领先地位，也可以与中国展开合作。

事实上，美国不少科技公司都在“两边下注”以应对脱钩，即同时服务中美两国的创新生态体系。对于高能物理、国际空间站、人类基因组类耗资巨大的大型科研项目，美国也希望各国分担开支。美国科技企业依然希望接纳包括中国学生和技术人员在内的人才。2020 年 8 月 10 日，苹果、脸书、微软等 52 家科技公司就美国政府暂停发放 H－1B（特殊专业人员 /临时工作签证）等工作签证、限制部分外籍劳工入境起诉美国政府。苹果公司 CEO 库克此前说：“和苹果一样，美国这个移民国家一直从多元化获取活力，从美国梦中获取希望。没有这两者就没有繁荣。”

有自信，能包容

互联网最具流动性，但在各国的防火墙和铁幕下，互联网越来越多极化、局域化。这一“互联逆转”现象已很难避免。

不过这种脱钩，并不像奔驰的火车，前一节车厢和后一节车厢一旦脱钩就意味着彻底分离。

全球互联网的脱钩，是在各国主权意识和数据安全意识高涨的情况下发生的，是一种分层、分化的脱钩，即不是全部脱钩，而是在某些层次和方面脱钩，在某些层次和方面以安全为前提再挂钩。换句话说，互联网的全球流动性被国家主权更多地管起来了。但由于挂钩、流动、连接的巨大价值与利益所在，全球科技公司也将不断努力地寻求挂钩，并与主权国家博弈，达到再平衡。

作为世界工厂的中国还要意识到，在制造层面，世界也有可能拥有多个工厂。中国是其一，是重要之一，但不是唯一。

面对这样的趋势，我们如何继续前进呢？

最重要的还是要保持战略定力和理性。要跳出特朗普式的头脑发热和“苦大仇深”。如果特朗普不是这样头脑发热，中美间的头脑脱钩不会像今天这样猛烈。我们要有不畏惧打压的斗争意识，但更要注意合作与斗争并举，并把合作的大原则放在前面。这是真正负责的态度。如果把斗争简单理解为找敌人，非友即敌，同仇敌忾，那我们也是头脑发热，掉入陷阱，忘记中国发展的根本大计了。

今天的世界流行找替罪羊、找敌人，似乎一找到，什么问题就都解决了。事实上，全球化与国际合作机制的倒退，有着长期、复杂、深刻的原因，绝不只是某个国家、某个个人的问题。

全球化也是双刃剑，对不同国家、阶层、族群、产业来说，其利弊得失是不一样的，全球化确实不只是田园牧歌，其本身也面临调整。

所以我们不要因为全球化的倒退，就焦灼不安、恐慌无措、丧失平常心。我们自己要努力做新的、更加普惠公平的全球化的推动者，和开放紧紧挂钩，和文明永不脱钩。霸道有尽，文明不孤，谁能给世界带来更多的文明之光，谁就更有希望。

我们还要看到，很多国家的危机爆发，全球化外部冲击只是某种触发因素，危机本质上都是内部体制、结构、治理等矛盾长期积累的结果。

所以，关键是把自己的事情办好。

长期看，中美两国谁能更好地解决自身存在的问题，防止危机的发生并持续保持增长、造福人民，谁就会更加主动。

我们也需要清醒地看到，国际社会有不少国家对中国实力强大后往何处去是存在担心的。有的担心中国会不会是和美国一样的新的霸权国家，或在某些方面还没有美国做得好；有的疑惑为什么中国已是超级大国，却一直说“永远不做超级大国”；也有的担心在中美之间可能会被强迫“选边站”；还有的担心中国企业在国际化过程中的“合规”与“竞争手段”的问题。我们要做很多的工作去化解，真正让朋友圈越来越大，越来越安心。我们没有理由冲动任性，认为自己什么都对，无所不能。

有自信，能包容，应该是我们面对外部世界的基本心态。

科技发展的背后是文化

在外部不确定性增强的情况下，中国已经从持久战的角度，确立了“加快形成以国内大循环为主体、国内国际双循环相互促进的新发展格局”战略。

在关于内循环的讨论中，很多人最担心的是内循环变得封闭。

客观来说，中国今天的科技产业发展，与向以美国为代表的西方学习、与大量外企在中国的投资是分不开的。中国如此之大，中国人如此勤学，所以一种新知识、新技术、新经验、新模式在中国形成的外溢效应无比巨大。中国科技产业能有今天，离不开开放式的学习。

美国要在头脑上和中国脱钩、要卡我们的脖子，我们当然要自强不息。华为的“塔山计划”（芯片制造）和“南泥湾计划”（做一些不被美国人卡脖子的器件），就显示了这种精神。但从根本上，关键还是如何建立适应和促进高科技产业发展的文化与机制问题。从华为到字节跳动，它们的成功主要是先进的创业创新机制与文化的成功，而不是靠政府投入和补贴催化而成的。

一位学者的发言曾谈到中国科技发展的最大问题是对科技文化的弘扬很不够。科技文化的灵魂是追求创新与追求真理，是要在全社会形成崇尚真理、崇尚创造、崇尚规律的氛围，不唯书，不唯上，人人平等。

他举例，中国很多大桥上留的都是领导人的名字，而不是大桥设计者的名字。但金门大桥不同。金门大桥的设计师约瑟夫·斯特劳斯自杀了，他是位于金门大桥旁的博物馆的灵魂，每个来参观的人都会对他产生敬意。大桥通车后，有免费通行权的是设计师的家族而不是官员。“目前我们必须面对的现实是，官本位文化、特权文化、等级文化、商业文化、娱乐文化都胜过科技文化。”

他还指出，现在的科技管理体制在很多方面束缚了科技生产力，管理体制的设计是首先有利于管理者，而不是首先有利于科学家的。科技资源投入，立项、申报、评审、获奖皆以权力为中心，科技成果评价中的关照主义和虚假似乎无处不在。还有知识产权的保护问题，“前一个历史时期，我们对知识产权保护可以说是宽松和放任的，因为我们是在跟跑和追跑，更多的是模仿其他国家。现在我们有了一定的和可观的自主创新能力了，如果再不加大对自主知识产权保护的话，已激发出来的极为珍贵的科学家的那些创造、那点创新的热情也会被各种侵权浇灭。偷窃他人的知识产权，偷去的不只是别人的经济效益，更像偷走了他人精心养育的孩子。国家不保护知识产权，无异于鼓励人贩子偷卖良家妇女”。

我们需要这样的真话，这比高调讲自己怎么厉害以及陷入口水战要有意义得多。越多这样的真话，我们就会被越深地触动，如此才有进步的可能。

倒退和脱钩已然发生，但这阻挡不了中国科技产业前进的步伐。

真正会阻碍我们前进的，是对创造力本身的束缚，是资源投入的错配与浪费。

中国科技企业承担着光荣使命，也面临着严峻考验。电影《至暗时刻》片尾有一句话：“If you are going through hell，keep going.”（纵然经历炼狱，只要一直往前，就能走出去。）

路和希望，都在我们自己脚下。

2020 年 8 月 16 日

第二章

中国经济的底气

从抗疫中寻找中国出发的新力量

一

新冠肺炎疫情在中国的流行高峰已然过去，全球抗疫则进入了艰难拉锯期。

在这场艰苦的斗争中，中国被激发出了非常能量，也付出了非常代价，经验值得总结（如方舱庇护医院），教训值得汲取（如信息传导机制），一切都是为了明天更好。

历史没有对照组，但可以复盘，念念不忘。我担心的是两条：一是我们从整体上过关了，于是整体中的每个部分在每个时间点上也都成了赢家，皆大欢喜；二是当直接的压力消失后，对病毒来源、传染源、传播路径等方面的科研以及疫苗研发松弛下来，马放南山。

实际上，我们现在正面对着疫情从境外输入的新压力。而且没有谁知道，新冠病毒会不会像流感一样长期存在，间断流行。或像乙肝，存在于一部分缺乏足够免疫力的人体中，进而对外传染。就此而言，新冠病毒不存在完全意义的“过去时”，而是一种长期“进行时”。

2020 年 2 月，北京协和医学院院长王辰院士在接受新华社采访时说：“目前我们对新冠病毒的传播与致病规律还远未深入掌握，而核酸与血清抗体流行病学调查是把握这一疾病流行规律的最关键科学证据，是对进一步防控措施做出科学决策的最重要依据……通过观察并在今后动态观察病毒在人群中的流行与免疫状态，得知其传播与发病规律，据以制定防控方略。”

“时间已经很紧，不能再耽误了，再晚启动就失去了对当前基线水平的评估意义。一旦人群开始流动、复产复工复学之后，情况就会发生变化，难以前后对比，而这种对比对于判断疫情走向至为重要。”王辰说。

树典型、立标兵是需要的，但尊重科学、尊重专业性、按照长治久安要求丝毫不放松基础工作，更为重要。

王辰院士还指出，一定要树立起一个基本意识并使之切实体现于行动，对付传染病最关键的是公开透明，不能搞鸵鸟政策。脓包不及时切开，就会发展成败血症。

思则有备，有备无患。只有通过反思，从基础和制度上发力，减少各种人为因素对真实信息的获取与传播干扰，今后才能守住底线，防微杜渐。

二

中央一声令下，举国响应，4 万多名医护工作者迅速驰援，十几亿人全民抗疫，确实体现了中国的磅礴之力。

基辛格在《论中国》中说："中国人总是被他们之中最勇敢的人保护得很好。"此时此刻，医护工作者就是最勇敢、最可敬的人。

但中国力量的最广大体现，在我看来，还是人民的忍耐力和牺牲精神。

中国、美国和英国 15 家研究机构 22 名科学家的联合研究指出（2020 年 3 月 10 日在预印本平台 medRxiv 在线发表），武汉于 2020 年 1 月 23 日开始实施出行禁令，将疫情扩散到其他城市的时间推迟了 2.91 天，让全国避免了数十万病例的暴发。

从武汉封城到十几亿人防疫，极大减少了人与人的接触，最大化阻断了传染面，用张文宏的话就是"闷在家里，把病毒闷死"。这是中国抗疫成效比国外一开始预测的要好很多的重要原因。

人民的自控力是最管用的疫苗。

有这样的人民，中国何其幸运。

三

疫情缓解后，复工复产抓经济，迫在眉睫。

我们遭遇了改革开放后 GDP 增速最低的一个季度，最差的一次经济开局。但中国经济的基本面并未动摇，放之全球，潜力仍巨。

作为一个经济观察者，我从中国抗疫中看到：在已经持续了 50

天的大范围隔离中，除了相关经济活动被迫停摆，亿万个家庭依然稳定有序，数亿人通过网络工作，生活必需品经由物流快递网络源源不断，几千万名学生在网上上课，紧急救援物资从四面八方向武汉聚集。

我问自己：通过疫情大考，在诸多反思之外，你能看到怎样的中国力量？

我看到，正是因为改革开放 40 多年，以经济建设为中心，踏踏实实搞市场经济，中国才有了强大的经济实力和产能，居民才有了一定家底应对不测。这是一切的基础，是应对一切挑战的基础。

我看到，以数字化为核心，中国已经发展出世界领先的新型基础设施和各种生活与工作应用，通过在线方式，让“为人民群众提供无间断服务”成为可能。线下突发危机，但因为有在线能力，中国不掉线，人民不断线。

我看到，基于市场化和数字化，政府、企业、社会、公民有可能形成合力，共同应对风险社会的挑战。中国企业，特别是位居世界 500 强的龙头企业、以互联网公司为代表的创新企业，以及各行各业的领先企业，它们不仅慷慨付出，承担社会责任，更通过自己的主营业务能力、资源整合能力、技术创新能力，直接参与危急时刻的问题化解。先进生产力的外溢，数字技术力量的社会化应用，这是推动中国发展的可贵动力。

我看到，生活和成长在改革开放、市场化、国际化、信息化环境中的广大人民，越来越成熟和负责。他们了解自己，也知道如何认知环境，他们有自己的信息搜寻能力、判断力和反思力，自主负责，也主动担责。“这个世界从来不缺完美的人，缺的是从心底给出的真心、无畏、正义和同情。”以医护人员为代表的无数专业人士在抗疫中表现出的姿态，就是真心、无畏、正义和同情。

我想，正是有这样的基础，这样的力量，十几亿人才有惊无险地度过了几十天隔离期，“后方无战事”，还能积极支援前方。现在国外一些疫情严重国家的华人正想办法回来，也说明他们觉得国内更可依赖。没有这样的经济基础、硬件基础，以及企业的合力与人民的自觉，我们可能已经陷入了一场社会危机。我们集体付出了忍耐的代价，但我们共同依存的社会没有成为代价！

所以当我们回顾这场全民保卫战时，一个值得挖掘的命题也许是“如何把这些宝贵的、可靠的力量，变成一种基因，植入全社会的机体，形成中国免疫力”。

首先，经济的要义就是以较低投入实现较高产出，这才是经济，否则就是不经济。显然，“上医治未病”，风起于青萍之末时就认真对待，才符合经济之道。从政府到社会需要思考，如何真正奉行经济的原则。

其次，经济就是资源的配置，讲究的是随需立供、精准匹配。那么，从最基础的信息获取，到“最后一公里”的服务递送，我们如何在全社会的资源配置上做到有效、高效？将资源配置给谁更有效？什么样的技术更能促进配置的高效？

再次，经济即决策，决策即信息。用什么样的制度、组织、技术和文化，才能最大限度地消除信息不对称？

基于这样的思考和问题，我开始做企业端的调研，希望从中总结经验，为更广泛的社会治理、政府治理提供借鉴。

四

疫情期间，我家对盒马鲜生和叮咚买菜的依赖度大大提高。我采访了盒马总裁侯毅。他说，盒马在疫情中除了做到了不打烊、不涨价，还有四个创新。

一是配送。春节是线下商业的旺季、电商的淡季，盒马很多员工都放假回家了。节前两天订单量急升，消费者一菜难求，以至有段时间要定闹钟起来抢菜。自己的员工回不来，线下餐饮企业员工又没活干，于是盒马先后和 40 多家餐饮企业合作，一共向它们“借”了 5000 多名员工到盒马上班（劳动关系不变，按盒马工资水平付酬），一旦餐饮企业复工无条件放人。由于盒马的操作流程高度数字化、标准化和“傻瓜化”，拿着操作枪，这些人培训 1 个小时就可以上岗了。

二是社区团购。由于居民小区严格隔离，从 2020 年 2 月 3 日起，武汉盒马部分门店开始集单送菜进社区。门店客服人员前一天在“盒社群”征集订单，第二天统一送进社区，让用户认领。很快，武汉盒马 18 家门店全部上线社区集单配送业务，在政府支持下，每家门店配备了一辆公交车为社区送菜，配送到数百个社区。

三是共享门店。2020 年 2 月 14 日起，杭州盒马和中石化联手，在指定的中石化加油站（首批 8 家）出售盒马的新鲜生鲜包——88 元的纯蔬菜套餐以及 158 元的肉菜套餐。司机只要在加油站把后备厢打开即可，全程无接触购买。截至 2020 年 2 月底，这一模式已推广到贵阳、昆明、成都、长沙等地。

四是平台开放。除自营生产基地照常运转，盒马还和一些批发市场以及养殖户联系，将龙利鱼、鲑鱼、斑鱼、梭子蟹等放到盒马平台销售，帮助消化。

盒马在疫情中为什么能做到订单不断、供应链不断、配送不断？因为盒马一直在做自营配送、自建产地和供应链这些难的事情，有底气，关键时刻赢得了机会的偏爱。更重要的是，盒马通过互联网大大提高了效率。

盒马 2015 年创建时，就确定了“生鲜品类的线上线下一体化解决方案”这一思路。每家门店的规划能力是：以 3 公里为配送半径，每天完成 1 万个订单。而一般超市只能做到一两千单。为此，盒马每家门店要投资几百万元，建设一套以悬挂链为核心的智能物流系统，在拣货、组包、配送等环节大大提高物流效率和承载量。

具体来看一下。盒马后台接到线上订单，比如有水果、蔬菜、零食、酒水、熟食、日用品等各种商品，商品分布在一家门店的不同地方。在一般超市，打包员要来回走动，完成包裹分拣，一天下来步数会超过 3 万步。盒马则是将订单拆解，不同任务分配给不同区域的打包员。守在自己区域的打包员在终端 POS 机上收到任务，按指令将不同商品放到悬挂链上即可，智能悬挂链会自动汇集所有商品，完成打包，后台快递员取走包裹，送货上门。从消费者下单到打包完成，最快只要 8 分钟。

侯毅的讲解让我明白，新物种盒马之所以生机勃勃，是因为它代表了更先进的零售运营思维、技术和方法。侯毅说，包括商品结构和商品特色都需要创新。“比如我们发现，疫情来了以后，很多消费者想开了，吃得要好一点，健康一点，未来像有机菜，零糖、零卡路里、零防腐剂、零抗生素的绿色健康食品，都会有很大空间。”

真正的数字化，意味着企业拥有和用户实时在线互动的工具

（如独立 App），可以积累数据，挖掘数据；意味着企业的一切行为都要数据化，进而智能化。

在服务业，80％以上的中国企业还没有实现数字化。这就说明，中国企业未来的潜力和提高效率的空间都很大。同时，我们看到，服务业的数字化离不开人，不是人工智能代替人，而是人工智能和人力资源的新结合。想想中国以千万计的快递员、外卖员、司机以及各种上门服务人员，就会理解机器和人相结合的新型关系。

五

这次疫情中，以钉钉为代表的在线办公协同平台以及腾讯会议、ZOOM 等视频会议系统大显神通，我一直通过这 3 个系统参加各种研讨会和直播。我采访了钉钉 CEO 陈航（花名“无招”）。截至 2019 年 6 月，中国有 1000 万户市场主体、2 亿人使用钉钉。

陈航先给我讲了两组数字。

一是，阿里巴巴有 11 万名员工，正常情况下七八万人在总部上班，疫情期间总部只有 300 人，但阿里巴巴一直在高效运转，因为阿里巴巴的员工早已通过钉钉实现了完全在线化工作，包括云端打卡、云端视频会议、群直播、云端文档、云端协同、云端审批等。疫情中有很多企业利用钉钉，也产生了很强的动员能力和管理能力。

二是，疫情期间钉钉的云服务器规模扩容 10 倍。由于一般服务器的利用率为 10％～20％，在峰值状态，钉钉所支持的流量达到正常情况下的百倍。钉钉的峰值流量，大约是中国所有视频、直播流量加在一起的 5～10 倍。

我问，这么大的流量可能吗？陈航说：“你想一想，中国 60％～

70%的老师、学生甚至学生家长,在同一时刻上同一个平台,从早上8点半开始上课,这是一个什么量级?”全世界没有哪里能做得到。中国在信息化基础设施建设上不遗余力,三大运营商在带宽、接入方面不断升级,加上阿里云这样的云服务平台快速成长,才能接得住突如其来的海量需求。2020年3月13日,联合国教科文组织向受疫情影响的39个国家和地区的4.21亿学生推荐使用钉钉,钉钉立即开始进行扩容海外服务器的部署。

“疫情期间名师名课纷纷免费上线,极大地促进了整个教师课件水平的提高,随着5G普及,中国的教育资源不平等的情况将会有根本改变。”陈航说。

陈航还介绍了健康码的来龙去脉。最初是为了满足阿里巴巴十几万人(很多处于流动中)健康管理的需要,2020年1月26日,钉钉上线了“员工健康”,员工在线打卡,进行基本情况自主申报(如是否发烧、行程信息),企业可以快速收集、实时统计每个人的健康信息。2月4日,复工、返程高峰将至,钉钉发布了升级版员工健康打卡产品,增加了疫情消息推送与防控、机器人“防疫精灵”和“风险智能预警”等功能。同一天,阿里巴巴总部所在地杭州市余杭区政府主动提出,用数字化方案解决疫情防控问题。

余杭区人口多、流动大,有多例确诊病例,2020年2月3日实行了“十项从严”措施,所有小区封闭管理,每户家庭每两天可指派一人外出采购。彼时,小区、路口、商场、高速路站卡等各种卡口处,都采用手工填写、人工登记。如何免去证件检查、人员登记时的接触?人员信息管理、核实可否用数字方式进行?静态数据如何实时更新?复工、复产后疫情的判断依据如何尽量准确?

阿里巴巴紧急动员,2月5日凌晨5点,第一个版本的健康码诞生，之后每半小时进行一次迭代优化。用户在网上自主申报信息，由政府运营的后台系统自动审核，由此生成专属于个人的二维码将作为疫情时期的数字化健康证明，用户凭码通行。阿里云提供技术支持，钉钉、支付宝等第三方平台负责提供申报入口及展示二维码信息。

2月7日，余杭健康码上线。2月11日，杭州健康码全量上线，通过个人信息的诚信填报和政府后台系统比对，产生三个颜色码。绿码可直接进入杭州，红码集中隔离14天，黄码隔离7天以内。健康码推出后，大量杭州居民和返岗复工人员在支付宝内申领，领到绿码的外地人可以进出高速路口、小区及乘坐公交车，等等。

2月16日，健康码在全浙江上线。3月2日浙江省宣布，领码人数已超过6000万。全国有200多个城市接入了健康码。

有了健康码，公众只需填报一次个人健康状况，即可应对各类核验场景；企业可以更好地掌握员工健康状态；对疫情管理部门来说，健康码平台可提供社区人员登记、复工人员登记、健康自查上报、疫情线索举报、发热门诊查询、口罩预约购买、在线缴费、疫情信息实时发布等多类服务，提高了效率，从技术上杜绝了“填表抗疫”。

六

当我们经常觉得，我们所在的现实世界、物理世界、传统管控的世界，充满了矛盾、低效和无力感的时候，在由技术驱动的数字世界里、在新技术赋能的新世界里，我们会看见活力，找到出路，无论是对企业、社会还是政府。

正如管控疫情，最好的方式不是用越来越多的铁链把一个个小区锁起来，而是可以用健康码这样的“电子路条”，在管控和自由之间找到平衡。个人有健康码，企业有企业健康码，上班扫码就是个人和企业的一次交互与数据对照，这样的管理效率要比过去填表高得多。

基于数字化和云网端的完全一体化，有可能创造出一个美丽新世界：所有数据从终端直接采集、实时采集，反馈到云端，云端迅速做出部署，个人和组织动态执行。

假如一位市民拿着绿码回公司上班，但下班例行检查时发现体温突然上升了，查出是阳性，变成了红码，云端的预案就会立即跳出、自动启动，而和他接触的人，如部分公司同事、小区居民，他们的绿码会自动转化成黄码或红码。

在陈航看来，个人与组织变成“码”，意味着他们变成了活动的数据，将被储存起来。“码”，是物理世界和数字世界的连接器，物理世界的“码化”加上云网端一体化，将让中国方方面面进入数字化的新世界。再加上人工智能物联网（AIOT）的发展，未来整个社会的运行都会更加精准、智能和高效。

最终拯救我们的，是我们的能力。通过技术赋能，我们对病毒的传播规律有预判能力；通过人工智能，我们可对新冠肺炎患者的影像进行深度研究，获得更好的治疗方法；通过大数据，对基因检测有更快速和精准的结论，我们才能真正无惧未来的病毒挑战。

七

盒马和钉钉，一个2C，一个2B，中国像这样的平台还有不少。

我们看到，数以亿计的普通人，百万千万计的企业，都在经由这些数字化基础平台，分享技术创新带来的便利和高效。中国经济面临着不少困难，如未富先老、未富债已高，但只要提高全要素劳动生产率，我们就有希望对冲压力，实现高质量发展。数字化的技术创新应用越广，中国经济就越有希望。

当然，技术最终是由人来掌握的。技术如何保护隐私，如何普惠生态，如何向善而行，也是一个重大命题。

但无论如何，穿越这场严峻的疫情，我们应该看到中国的新力量——硬核基础设施和硬核科技的硬力量，担当社会责任、实实在在解决社会问题的软力量，以及市场、社会和政府良性合作的善力量。

改革开放的力量、市场化的力量、技术创新的力量、企业家的力量，滚滚向前，不可限量，无可阻挡。

我深信这也是在未来推动中国经济变革、社会进步和国家治理现代化的力量，是走向世界、展示真正的中国形象的力量。

相信市场，相信人民，尊重规律，信仰科学，沿着先进生产力的发展方向，让整个经济和社会呈现出更加有机、分布式、专业主义的弹性和活力，则中国经济和社会发展，必能在疫情危机之后迈上新台阶。

愿时间成为我们的朋友；愿我们的民族在反思中，把握真正的积极因素，勇敢地迈出创新的脚步。

2020 年 3 月 15 日

持久战最关键的战场在哪里

一

2020年2月6日，美国司法部部长威廉·巴尔在华盛顿智库战略与国际研究中心举行的中国行动计划会议上，发表主题演讲。

“自19世纪以来，美国在创新和技术方面一直处于世界领先地位。正是美国的科技实力使我们繁荣和安全。”

“本质上，通信网络不再仅仅被用于通信。它们正在演变成下一代互联网、工业互联网，以及依赖这一基础设施的下一代工业系统的中枢神经系统。中国已经在5G领域建立了领先地位，占据了全球基础设施市场的40%。这是历史上第一次，美国没有引领下一个科技时代。”

“未来五年内，5G全球版图和应用主导地位格局将会形成。问题是，在这个时间窗口内，美国和我们的盟国是否能与华为展开足够的竞争……避免将主导权拱手让给中国。时间窗口期很短，我们和我们的盟友必须迅速采取行动。”

2020年8月30日晚，华为轮值董事长郭平在母校华中科技大学校友会主办的一个在线论坛上，引述了巴尔的这些观点，以说明美国为什么要打压华为。

巴尔曾在美国电信运营商威瑞森任职，对通信技术有深刻了解。

更早一些时候，2019年7月9日，美国商务部网站公布了商务部部长威尔伯·罗斯在工业安全局（BIS）出口管制与安全会议上的讲话。他说：

“美国未来的繁荣取决于我们在先进技术方面的战略优势……美国必须在科学、技术、工程，特别是制造业领域保持全球竞争力。

工业安全局拒绝向危害我们国家安全和外交政策利益的公司给予敏感技术……2019年5月16日，工业安全局将华为及其68家附属公司列入商务部实体清单。

我们一直在确保美国仍然是一个经济和军事超级大国。这是我们的第一个目标。”

从商务部部长到司法部部长，都在强调技术领先对美国的关键作用，以及5G对于技术领先的关键作用。

恰恰是在这个“关键的关键”上，美国没有领先。

郭平说，美国目前的做法是“直接政治化”，与中国进行数字冷战。“在网络空间，美国的逻辑是，只有美国人驻军，全部归美国人控制和管理，那才是安全的。”

在郭平看来，基于此逻辑，美国未来会长期从根上遏制中国的技术创新。具体有四个策略：

1. 识别出美国技术流入中国的途径，将其全部封锁；

2. 加强采购供应链的风险管理；

3. 对威胁到美国的中国领先技术进行重点打击；

4. 技术跨越，即加强美国自身的基础领域研究，拉开和对手一两代的技术差距。

如果中美之间的持久战不可避免，很可能不是传统意义上的冷战，更不是热战，中国对自己的使命很清楚，实现伟大复兴是不会动摇的主线。但双方的遏制与反遏制又是现实的。所以，持久战的主战场将会是在科技领域，而科技战的关键是基础研究与知识创新。

郭平认为："中美最大的差异在于基础的科学创新。美国认为如果自己能在基础创新上抑制中国，就能在技术上拉开与中国的差距，从而获得全面优势。虽然中国在针对客户的创新、提高效率的创新、工程的创新等应用创新方面已有很大提高，但在基础创新方面和美国还有相当差距。美国控制着水龙头，它随时都会关上。"

这个水龙头，就是作为创新之源的基础创新、原始创新、知识创新。

二

中国并非不重视科学技术的创新。1978 年，郭沫若在全国科学大会闭幕式上的讲话，即那篇著名的《科学的春天》里指出，"我们民族历史上最灿烂的科学的春天到来了"，"我们不仅要有政治上、文化上的巨人，我们同样需要有自然科学和其他方面的巨人。我们相信一定会涌现出大批这样的巨人”。

数学家陈景润就是那个时代的象征。

但40多年过去，中国的科技创新主要体现在实用、应用、急用的层面上，在基础研究领域还没有谁能够担得起“自然科学的巨人”的称呼。

这一点，美国也看得真切。

报告作者斯科特·肯尼迪说：“中国还不是一个科技超级大国……中国花费了很多的人力、金钱、时间资源和政府政策在创新上，但是创新的效率不高。”中国85%的资金都被集中用在开发上，鲜有资金被用于基础的科学研究。“我认为如果中国不将更多的资源转移到基础研究上并提升其教育质量，那么在科研发展的改善阶段他们会做得很好，但是无法站到创新的前沿。”

郭平在他的演讲中谈到“钱学森之问”，即“为什么我们的学校总是培养不出杰出人才？”

2005年7月29日，钱学森对前去探望他的温家宝说：“现在中国没有完全发展起来，一个重要原因是没有一所大学能够按照培养科学技术发明创造人才的模式去办学，没有自己独特的创新的东西，老是‘冒’不出杰出人才。这是很大的问题。”

后来温家宝和北京大学学生座谈时说，“钱学森之问”对我们是个很大的刺痛。

“钱学森先生对我讲过两点意见……一是要让学生去想去做那些前人没有想过和做过的事情，没有创新，就不会成为杰出人才；二是学文科的要懂一些理工知识，学理工的要学一点文史知识。”温家宝说，大学改革要为学生创造独立思考、勇于创新的环境；大学还是应该由懂教育的人来办；教育家办教育不是干一阵子,而是干一辈子;大学还应该逐步改变行政化,按照教育规律办学。

郭平说,美国人在一份报告中把中国缺乏基础创新的问题归咎于官僚等级制度,它不光是实施着的制度,还有千百年来形成的固定的思维模式。报告说,创新可能是美国唯一比中国人擅长的事,中国的选贤任能机制是以标准化考试为基础的。

"这也可以理解为什么华为的创始人不断呼吁要加强教育,特别是基础教育。"郭平说。

三

任正非对基础教育的呼吁越来越急迫。

2016 年 5 月 30 日,他在全国科技创新大会上发言:

"人类社会的发展,都是走在基础科学进步的大道上的……华为现在的水平尚停留在工程数学、物理算法等工程科学的创新层面,尚未真正开始进行基础理论研究。随着逐步逼近香农定理、摩尔定律的极限,面对大流量、低延时的理论还未创造出来,华为已感到前途茫茫,找不到方向……没有理论突破,没有技术突破,没有大量的技术累积,是不可能产生爆发性创新的。"

半个多世纪以来信息科技的发展和一些基本理论、定理相关,现在对它们的应用已接近极限。

摩尔定律由英特尔公司创始人之一的戈登·摩尔提出,揭示了信息技术进步的速度,但近年来在互补式金属氧化物半导体(CMOS)先进制程中,最新几代纳米节点的功耗改善程度出现明显放缓,节能幅度大不如前。以前 CPU(中央处理器)的性能每年提升

1.5 倍，现在只能达到 1.1 倍，摩尔定律下一步怎么发展？

克劳德·香农是美国数学家。他定义了信息：信息是用来消除随机不确定性的东西；确定了信息的测量单位：比特(bit)；提出所有信息都可用 0 和 1 来编码、传输、解码；还提出了香农定理，即在信息传输过程中，信道的容量与信道的带宽成正比，同时还取决于系统信噪比以及编码技术种类。基于此，对单信道而言，要增加信道的容量，要么增加带宽，要么增加信号功率，要么降低噪声或干扰信号的功率。

香农定理是 1948 年提出的。从 1G 到 5G，几乎达到了香农定理的极限。

信息通信技术(ICT)产业还有一个计算方面的基础，即“冯·诺依曼架构”。冯·诺依曼是“计算机之父”，他建立了现代计算机模型(运算器、控制器、存储器、输入和输出设备)，第一次将存储器和运算器分开，将指令和数据都放在存储器中，为计算机的通用性奠定了基础。这种架构现在也到了极限。在内存容量指数级提升后，CPU 和内存之间的数据传输带宽成为瓶颈。

华为说自己进入了无人区，就是因为奠定了信息通信技术产业基础的摩尔定律、香农定理、冯·诺依曼架构等都遇到了这样那样的挑战。信息通信技术产业需要新的知识和基础创新来引领。

四

2020 年 8 月，华为战略研究院院长徐文伟在数学促进企业创新发展论坛上发言说，随着智能社会的到来，通信由过去以人与人、点对点可靠传输为主的模式，变成了单点对多点、多点对多点、人与机器、机器与机器等多种通信模式。我们进入了“后香农时代”,需要理论的突破和工程技术的发明。“理论突破和基础技术的发明,来源于数学、物理学、化学等学科的基础研究,而数学是基础之基础。”

从2019年开始,华为提出了新的创新战略,从基于客户需求的技术和工程创新的1.0时代,迈向基于愿景驱动的理论突破和基础技术发明的创新2.0时代。华为决定每年将3亿美元投入大学,支持学术界开展基础科学、基础技术等的创新研究,具体包括:投资光计算,探索异构计算发展之路;投资DNA存储,突破数据存储容量极限;投资原子制造,突破摩尔定律极限等。

看得见的是产品,看不见的是背后的技术。华为从基础研究中已经尝到巨大甜头。目前华为有700多名数学博士,成果丰硕。

2008年,华为的一名俄罗斯数学家用非线性数学多维空间逆函数,解决了GSM多载波干扰问题,攻克了2G、3G基站合一的难题(基本不必更换硬件,主要进行软件升级),现在已经可以实现2G、3G、4G、5G基站融合。基站集成度大大提升,帮助华为无线一举在欧洲乃至全球取得领先。

材料领域的抗腐蚀研究,让华为产品能够适应各种环境。石墨烯的研究,让电池散热效率大幅提升;无风扇的散热设计,让基站的体积减小30%。

华为在5G方面的领先,也和它在2008年就关注到土耳其数学家埃尔达尔·阿里坎关于Polar码的论文并对其进行深度挖掘有关。阿里坎的论文开拓了信道编码的新方向,大大提高了5G编码性能,降低了译码的复杂度和接收终端的功耗。

5G是华为第一次从概念研究到提出标准,再到实现产业化的产品，从 Polar 码的论文发布到成为 5G 标准的重要组成部分，华为大致经历了 10 年时间。

华为是中国研发投入最多的企业(2019 年为 1317 亿元，占销售收入的 15.3％)，也是在高科技领域最具竞争力的世界级企业。无论是华为的成功还是华为的焦虑，都说明基础科学研究的极端重要性。

而这正是美国的优势所在。

五

在第二次世界大战中，原子弹、雷达、青霉素等发明显示出科学技术的强大威力，正如科学史学家杰拉尔德·霍尔顿所说："从科学实验室开始的一系列活动，能够引起神话般的巨大进步和突然事件的发生。"

1944 年 11 月 17 日，美国总统罗斯福给领导战时科研活动的科学研究与发展局(OSRD)局长万尼瓦尔·布什写信，要求他就"如何把战时经验用于即将到来的和平时期"提出意见。1945 年报告完成，题为《科学：没有止境的边疆》，意思是，科学将会成为国家经济发展、提高生活标准和推动社会变化的新动力。

报告认为，科学研究引领未来，政府应该像鼓励开发西部边疆那样鼓励和支持科学的发展。联邦政府应该承担新的责任，对科学进行强大投资，促进产生新的科学知识，培训青年人的科学才能，建立一种可以保障稳定的长期计划、维护探索自由的新的支持机构——国家科学基金会。

布什在报告中还就科学与国家的关系做了论述：

政府有责任支持科学研究,基础研究是一切知识的源泉,必然会为社会带来广泛的利益。科学共同体需要保持相对的自主性和探索的自由,以免承受政治和其他利益集团的压力。国家不需要按社会经济目标为科学设立优先选择和路径,政府应该提供的是稳定的资金,支持基础研究,保证探索自由。因为科学在广阔前沿的进步,来自自由学者的不受拘束的活动(the free play of free intellects),来自他们探索未知的好奇心。

1945 年 7 月,布什把报告呈送给新总统杜鲁门。1950 年,美国国家科学基金会(NSF)成立,联邦政府成为科学的主要资助者。联邦政府大力资助研究型大学的发展,到 20 世纪 60 年代中期,美国大学的研究体系成为世界上最好的、几乎包括所有科学领域的系统。

美国有不少政府机构(如国防部、能源部、国家宇航局)并没有完全按照布什关于自由探索的思想支持基础研究,而是依照机构自身的使命支持大学的基础研究,资助重点为计算机、电子、材料科学、与军事相关的应用科学和工程、医药和生命科学,但这种“使命导向的基础研究”并不否认科研人员的探索自由和创造性,只是在研究领域方面有所引导。

正是大力支持超前的、长期的基础研究,奠定了美国国家实力的基础。互联网的发明就是一个典型案例。播下第一颗互联网种子的是美国国防部的高级研究计划署(ARPA),它发布了互联网的鼻祖 ARPANet(阿帕网),ARPANet 1969 年正式投入运行。

六

站在今天眺望未来，中国对于科技研发、基础研究的投入将越来越多。

事实上，中国科研的总投入已经不少。

2019 年，全国共投入研究与试验发展（R&D）经费 22143.6 亿元，同比增长 12.5%，这一数量超过日、德、英、法 4 国研发经费支出的总和。

2019 年，中国的研发投入强度（与 GDP 之比）为 2.23%，超过欧盟 2018 年的平均水平（2.13%），接近经合组织成员国的平均水平（2.37%）。

但如同《2019 年全国科技经费投入统计公报》所显示的，在整个研发投入中，基础研究、应用研究和试验发展经费所占比重分别为 6.0%、11.3%和 82.7%，基础研究的占比还是很低（经合组织成员国平均值为 15%）。这在很大程度上是由于企业、政府属研究机构、高等学校经费的支出所占比重分别为 76.4%、13.9%和 8.1%，企业占研发投入的大头，而企业研发较少进入基础研究领域。

2019 年，中国研发经费投入超过千亿元的省（直辖市）有 6 个，分别为广东（3098.5 亿元）、江苏（2779.5 亿元）、北京（2233.6 亿元）、浙江（1669.8 亿元）、上海（1524.6 亿元）和山东（1494.7 亿元）。这些地方也是中国经济综合实力最强的区域。

中国的基础创新薄弱，与其说是投入不够，不如说是存在结构性失衡，同时也和科研文化、科技管理、评价体制等高度相关。

曾任科技部部长的徐冠华 10 多年前就说：

要充分考虑到科学研究的长期性、风险性和不确定性，不能用搞工程、搞经济的办法向科学家提出太具体的要求；

要彻底转变“见物不见人”的观念，国内有些研究单位十分重视研究设备的拥有和配置，他们重视的不是人才，而是设备；

要倡导追求真理、宽容失败的科学思想，永远保持在真理面前人人平等的社会文化氛围，过去那种在科研中做事、评价和决策最终取决于权威的习惯做法，应当让位于科学、民主的方式和机制；

要摒弃急功近利、急于求成的浮躁习性，只有把科学内化为我们精神的一部分，才能有产生科学思想的热情和灵感。如果过于追逐名利，甚至对名利的追求超过了对科学的追求，科学也就失去了本来的意义和价值。

牛津大学教授、技术与管理发展研究中心主任傅晓岚在2020年5月发表的《中国如何才能加强原始创新》一文中说，原始创新有两个主要来源：第一种是受兴趣和好奇心驱动的、在思想自由环境下创造出来的不拘一格的新颖的思想和方法，如牛顿发现万有引力或者爱因斯坦提出相对论；第二种是问题导向，如攻克疟疾的青蒿素的发现和人类为了应对气候变化而对新能源进行的各种探索。

如何大力推动原始创新？傅晓岚认为，要培养和形成百花齐放、鼓励创新、容忍不同思想的环境；现阶段要大力推动以问题为导向带动的原始创新，以争取时间，等待兴趣和好奇心激发的原创之花开放。

近年来，我们看到很多地方政府打着支持科技创新的旗号，直接参与竞争性领域的产业投资，动辄几亿元乃至上千亿元的投资，不少都打了水漂。政府真正该做的，是支持具有公共性、外部性、前沿性、技术共性的基础研究，创造有利于科技创新的金融环境。政府也可以适度通过订单支持、人才资助、风险补偿机制等方式支持有突破性的创新项目。但政府自己变成投资主体，各地重复投资所谓的科创项目，这样的“科技创新”实在弊大于利。

时代已经向中国提出了科技创新、基础创新的任务。方向是明确的，关键是方式。科学技术创新必须遵循科学的规律和文化。如此中国才能真正迎来科学的春天，而不是在高歌猛进的喧嚣之后，依然不见科学巨人的身影和原创突破。

2020 年 9 月 6 日

双循环的真义

一

在新冠、脱钩之后，2020 年的第三个高频关键词出现了，即“双循环”。

2020 年 7 月 30 日，中共中央政治局会议指出：“我们遇到的很多问题是中长期的，必须从持久战的角度加以认识，加快形成以国内大循环为主体、国内国际双循环相互促进的新发展格局。”

中长期问题，持久战角度，新发展格局。可见双循环不只着眼眼前，还要着眼“十四五”乃至更长时间。双循环不只针对美国对中国一直不停地强硬出牌，而是针对全球化大变局下“中国往何处去”的方向。

2020 年，中国经济承受了三轮巨大的压力。先是疫情在中国首先暴发的那段时间，关于海外订单锐减、外向型企业纷纷陷入倒闭的恐慌；接着是关于外资将从中国的供应链移走的恐慌；最后是美国对华为、TikTok 实行封禁，并将越来越多中国企业纳入“实体清单”，不准向它们转让技术的恐慌。这三轮压力次第袭来，再加上疫情本身的社会隔离效应，让 2020 年成为中国人多年来最为焦虑的一年。

在此时刻提出的双循环，是不是中国走向未来的钥匙、药方、火炬？

这关键取决于我们如何透彻地理解。

我去了浙江、广东、江苏、山东的多个企业调研，发现危与机是并存的，事在人为，只要不断在事上而不是嘴上磨炼，心就会定。我们不能决定外部环境，但可以在外部的约束条件下，安身立命，尽量做好。

中国人往往比谁走得都快，关键是要走对方向。

结合调研和初步研究，我对双循环有如下一些看法。

1. 双循环代表了中国螺旋式上升的发展新方向，是新的历史条件下改革开放和经济现代化的新版本。

2. 双循环绝不是也绝不应该是自我封闭、自给自足，而是内外打通、内外融通、内外促进。

3. 双循环的驱动力，既是中国内部大的市场规模、完善有力的生产配套体系，更是市场化改革和对内对外开放。

4. 双循环的关键不是内外问题，而是循环问题，是要继续推动一切生产要素更加自由、公平地流动，从而提高整个经济的效率，激发全社会的创新精神。

与其说双循环是对外部压力的一种回应，不如说是对中国经济的一次重大超越。

二

循环意味着流动，内部流动，外部流动，内外之间流动。

循环、流动、互动，这背后的经济学道理就是分工合作。分工合作让交易双方都受益。

任何一个经济体，其实都处在内外交融的循环之中，只是循环程度不同而已。

能不能不参与分工与合作？能，但那是效率很低、于民生福祉贡献度亦很低的经济。在统制经济下，人们是简单生存，不是美好生活。

随着中国经济越来越强大，美国又对中国频频施压，现在网上经常可以看到“大不了不玩了”“自己照样可以过好”的情绪。这种情绪的产生有合理性，但并不理性。

如果不参与国际循环，纯粹自给自足，中国的日子肯定没有今天好。

举两方面的例子说明。

一是资源的角度。2019 年，中国从国外进口了 10.69 亿吨铁矿砂，对外依存度超过 80%；进口了 5.06 亿吨原油，对外依存度达 72%；进口了 9656 万吨天然气，对外依存度达 44%；中国的锂、钴矿石对外依存度约 70%；大豆对外依存度约 86%；中国还进口了 210.8 万吨猪肉和 165.9 万吨牛肉，虽然对外依存度不高，但增长幅度很高——2019 年猪肉进口的增幅是 75%，牛肉进口的增幅是 60%……这都说明，我们很多方面的资源条件很薄弱，离不开国际循环。

有人说，中国不是有很多铁矿石吗？是，中国的铁矿石储量排名世界第四，占全球储量的12.35%，不算少。问题是中国的矿石含铁品位平均只有34.3%，基本全是贫矿石，要经过选矿富集后才能使用，而选矿过程成本很高，中国的铁矿选矿成本是世界三大铁矿石企业的2～3倍。进口更划算。

二是从核心技术和关键零部件的角度看，中国也离不开世界。

据海关数据，2019年中国进口了价值3040亿美元的芯片，2020年进口总额仍在3000亿美元以上。工业和信息化部前部长苗圩曾指出：我国大多数装备研发设计水平较低，实验检测手段不足，关键共性技术缺失，底层技术的“黑匣子”尚未突破，一些关键产品也很难通过逆向工程实现自主设计、研发和创新；关键材料、核心零部件严重依赖进口。如我国拥有自主知识产权的“华龙一号”核电机组虽然大部分设备实现了国产化，但15%的关键零部件还依靠进口。

中国信息通信研究院许志远的研究显示，在移动通信和软件方面我国与发达国家的差距依然巨大。

先看移动通信，在FPGA（现场可编程门阵列）、DSP（数字信号处理）、AD/DA（模数/数模转换）、射频收发、功放、低噪放、驱动放大器这7个方面，全球排名前5的公司没有中国的；在滤波器、天线、基站设备这3个方面全球Top5中有多家中国公司，其中华为在天线和基站设备上位居第一。

再看软件，在操作系统、中间件、数据库、存储管理、虚拟化、安全软件、ERP（企业资源计划）、CRM（客户管理系统）、办公软件这9个方面，全球Top5的公司中没有一家中国的；在桌面OS（操作系统）、手机OS、云OS、物联网OS、IP核（知识产权模块）、EDA（电子设计自动化）、CAD（计算机辅助设计）、CAE（计算机辅助工程）这8

个方面，中国公司也很薄弱，只是在桌面OS上基于Linux进行二次开发，在手机OS、物联网OS和EAD方面有所布局。

我还看过仪器设备方面的一份报告。美国《化学与工程》杂志公布的全球科学仪器公司Top20名单，8家是美国的，7家是欧洲的，5家是日本的。中国企业在高端光学显微镜、透射式电镜生产方面几乎是空白。据中国仪器仪表行业协会统计，2015—2017年我国显微镜年均进口5万台左右，年均出口220万～300万台，但出口金额远低于进口金额，说明单台产品的出口价远远低于进口价。

我曾请教工业富联的一位高管，在工业互联网方面中国和国外的差距表现在哪里。他说，不是设备，不是模具，是高端工业软件、高端可编程逻辑控制器，以及工业网络协议等。

我参观过多家中国智能手机企业的生产线，其中的关键设备（如贴片机）基本依赖进口。

一旦离开国际循环，中国不少产业将难以转动，甚至失灵停摆。

三

其实，如果仔细回顾一下新中国的经济史，中国一直没有放弃过加入国际循环的努力，尽管中间遭遇过这样那样的封锁与曲折。

1952年9月，周恩来到苏联谈判，后来确定苏联援建中国156个项目，大部分项目在“一五”“二五”时期完成，中国的工业化实现了一次飞跃。

“一五”期间，中国需要进口橡胶、化肥、钢材、机械、沥青等大量建设材料，但进口需要外汇。为了创汇，1957年4月25日，中国各外贸公司联合举办了第一届中国出口商品交易会，将外国客商请进来。交易会每年春秋举办两次，这就是广交会。

1960 年年初，中苏交恶后，聂荣臻向中央提出应对苏联中止技术援助的措施，周恩来批示：“凡可购买的重要技术资料，应从西方国家千方百计地买到，买不到的，应另行设法搞到。”

中央和国务院成立了成套设备进口 5 人小组，从 1963 年下半年开始，先后同日本、荷兰、英国、意大利、法国和联邦德国的厂商签订了 15 项代表当时世界石化工业最高水平的成套设备进口合同，1964—1966 年交齐，1965—1967 年陆续建成和投入生产。

从 1963 年 6 月与日本签订第一个进口维尼纶成套设备合同，随后几年里，中国从 9 个西方国家引进了 84 项石油、化工、冶金、矿山、电子和精密机械等国民经济建设急需的成套设备和技术。其中引进的 2100 台尖端技术及重点国防工程配套用仪器，对“两弹一星”的成功起到了重要作用。

1971 年 11 月，中国恢复在联合国的合法席位；1972 年 2 月，尼克松访华；1973 年，国家计划委员会在《关于增加设备进口、扩大经济交流的请示报告》中建议，今后 3 至 5 年内引进价值 43 亿美元的成套设备。

通过设备引进，中国生产出了大量尿素，这是 1979—1984 年农业连续 5 年增产的原因之一。1981 年，南京烷基苯厂建成投产，中国结束了买肥皂要票的历史，洗衣粉可以敞开供应。化纤设备进来后，纺织品供应上来了，中国人民使用了几十年的布票消失了。

20 世纪 70 年代末，中国回到经济建设正轨后，开始掀起新的引进高潮。1978 年 12 月 23 日，党的十一届三中全会发布公报这一天，中国最大的引进项目宝钢在上海吴淞口举行动工典礼，打下第一根桩。两件事发生在同一天，似乎是在说明，中国经济要发展，就要和世界先进生产力联系在一起。

20 世纪 80 年代之后，中国和国际循环之间紧密相依。改革开放 40 多年，特别是 1992 年建立市场经济体制和 2001 年加入 WTO 后，中国与国际的循环更加顺畅，更加浩大。中国一方面是“摸着石头过河”，另一方面也可以说是“跟着样板上路”，也就是吸取发达经济体已经证明行之有效的经验。

2020 年，深圳特区成立 40 周年，我写了一篇文章，经济学家巴曙松看后说：“写深圳不能不提香港，那么多地方开放，为什么深圳最成功？”确实如此，深圳也包括珠三角很多城市，改革开放之初都是“以港为师”的，不仅因为香港先进，而且因为香港是连接世界、进入一个更大的国际循环的中转站。

曾任深圳市副市长的唐杰在接受《21 世纪经济报道》采访时说，深圳最初的工业化是“投资以外商投资为主、生产以加工装配为主、产品以出口为主”，今天看很低端，但正是借助“三来一补”的加工贸易方式，深圳成功嵌入了全球电子信息产业链。

“三来一补”给深圳带来了什么？唐杰说，一是合约意识，一切按合同，有问题找市场而不是找市长；二是需求和产品多样化，越来越多产品在深圳装配，产业链最初就是这么来的；三是了解外部市场，知道了品牌的重要性，当具备大规模生产实力之后，深圳的企业也开始创造品牌。

所以深圳能有今天，一个根本原因是从一开始就进入了全球分工体系，被这个体系中的先进力量和国际市场所带动和塑造。通俗地说，就是“你跟谁在一起就会成为什么样的人”。深圳今天能形成发达的、高度细分的、复杂的网络化分工体系，和国际品牌商、贸易商、零售商、外资的推动是分不开的。

我曾看过《回到现场：亲历上海实业十三年》一书，作者蔡来兴1995—2008年担任上实集团的董事长。他受命担任董事长后了解到，李嘉诚的公司一年赚的钱比上海一年的财政收入还要多，于是组织班子研究，发现世界大企业高速成长的奥秘，是在产品经营基础上大力开展资产经营。1996年5月30日，上实集团在香港上市，此后通过重大资产注入，在短短一年时间内从境内外资本市场募集过百亿港元，相当于当年上海124家A股上市公司募资的总量。上实集团不仅为上海源源不断地募集了急需的建设资金，在深化国企改革、打造现代产业体系、培养优秀人才等方面也贡献良多。这本书让我体会到，上海当年的发展也和与香港资本市场的对接息息相关。

眺望中国的各个区域，可以清晰地看到，凡是有强烈的国际循环助推的地方，经济活力、营商环境、企业家水平、官员素质就会更高。因为国际循环是全球化的，是有国际标准要求的，是要进行全球竞争的。和国际循环在一起，能开眼界、长知识、悟门道、强素质、优环境，水涨船高。

正是国际循环，促进了中国的国内循环，强大了我们的市场，提升了我们的能力。国内经济体大了、强了，就有可能成为新形势下的发展主体了。

四

前面说了，中国离不开世界，离不开国际循环。反过来，世界也离不开中国，而且越来越离不开。

因为中国是世界最大的市场之一；有非常完善的基础设施（如

高铁运营里程占全球的70%);有成熟的配套体系;有不断改进的营商环境;最重要的,中国有全世界最广泛和强烈的企业家精神。所以中国能给世界带来机会和利益。

就在脱钩之声不绝于耳之时,我们还看到了这样的情形。

随着理想汽车和小鹏汽车在美国上市,中国三大造车新势力(还有蔚来)已经齐聚美国资本市场。贝壳找房的上市也非常成功。2020年已经有20多家中国企业在美国上市。

2020年1月到7月,中国实际使用外资金额为769.8亿美元,同比下降2.3%,而联合国贸易和发展会议(UNCTAD)发布的《2020年世界投资报告》预计,2020年全球外商直接投资的流量将下降近40%。相比起来,中国仍是外资的热土。如果以人民币计算,2020年1月到7月中国实际使用的外资还增长了0.5%。

据商务部统计,2020年1月到7月,外商在华新设企企18838家,其中日本新设企企415家、美国860家、韩国849家、新加坡584家、英国296家、德国245家。一些世界知名企业,如巴斯夫、埃克森美孚、荷兰皇家壳牌等知名企业价值数十亿美元乃至上百亿美元的大项目正在推进中。

很多跨国公司都表示,不会迁移在中国的产能。除了因为中国制造的产品的性价比高,还因为中国本身就是大市场,像苹果、耐克、乐高、宝马、奔驰等在中国的生产,很大部分是要在中国销售的。

一个总体的趋势,不是中国和世界脱钩(脱钩只是局部的、选择性的调整),而是更紧地挂钩。

2020年1月至7月,中国的商品出口在全球的商品出口中的份额还在增加(14%左右),这说明了中国制造的价值;很多跨国公司在中国的销售额不断增加(如欧莱雅上半年在中国的销售额同比增长18%,特斯拉2020年二季度在中国的收入增长1倍),这说明了中国市场的价值;外资在中国股票和债券市场的持有量的上升,证明了中国潜力的价值。即使在疫情肆虐的情况下,根据美国国际贸易委员会(ITC)数据,2020年上半年,中国仍然完成了第一阶段贸易协议中上半年对应目标的45%,同时正在加速从美国采购能源品(如石油)。

因为中国具有生产和市场的双优势,所以中国在“走出去”和“引进来”两个方面都有竞争力、吸引力。

五

该应对的应对,该反制的反制。但最重要的是把自己的事情做好,把自己的思想梳理好。

第一,在经济全球化的今天,中国经济早已是内中有外(国内市场国际化),内外交融,内外一体。两个大局其实是一个统一的大局,内部循环和外部循环也是同一个大循环。

第二,加入国际循环就要按国际规则办事,不断提升企业的合规经营、竞争中性的水平,如此才能更好地获得国际社会的认可。

2020年8月,复旦大学经济学院院长张军撰文说:“你太小的时候,出门搭大人的便车,别人不在意,也不会认为你占了便宜,不会认为不公平,但当你长大了、块头大了,别人的看法就会不一样,你出门就得自己打车或自己开车,至少你出门是要付出代价,这样才显得公平。以经济学家的眼光来看,改变我出门的旧习惯不是坏事,反而对自己也是好事,不然我就走不远了。”

第三,循环就是让一切经济要素开放流动,公平流动。如果当年沿袭国营外贸公司对外贸业务垄断的政策，中国不可能像今天这样在国际循环中发挥作用。1999年，民企获得自营进出口权，“入世”后中国外贸才可以一飞冲天，到2015年民企的出口额占比首次超过了外资企业。

今天要促进国内大循环，一定要给所有经济主体平等的待遇，例如产业进入的公平，一定要打破国内市场上的各种阻碍要素流通的显性和隐性障碍。各行各业都要学习移动支付的便捷、普惠与通畅，而不是在区域之间、所有制之间、城乡之间、身份之间、部门之间设置那么多带有歧视性的阻碍，金融、教育、医疗、内容与传播、数据服务等领域尤甚。

第四，要促进双循环，中国还要更大力度地开放市场和行业准入，更好地包容与服务国际经济要素，使之流入中国、扎根中国，由此提升中国经济的竞争水平。人民币要成为国际货币，从最根本上说，是中国经济要高度法治化，要稳定可预期，并能为国际投资者提供兼具宽度、深度、安全、流动性的市场服务。

第五，中国自身要更加开放，对国际也要更加开放。凡是愿意同我们合作的国家、地区和企业，都要积极合作。要努力建立双向互动的各种区域化经贸合作关系，推动完善国际经济治理体系。

第六，要使国内大循环成为主体，就要通过资源配置的市场化、法治化、科学化，让经济效率提高、回报提高、可支配收入提高，如此才能提振消费。

最后的结论是：

不是因为“内”就有机会，是因为“循环”和“以外促内”，以开放促市场化改革，中国才有新机会。

所以真正的问题是：我们的要素流动是不是自主循环了？要素

价格是不是由市场决定了？要素配置是不是高效公平了？企业家精神是不是更有保障了？制度性交易成本是不是不断降低了？

市场化改革和对内对外开放引领了过去几十年中国经济的发展。今天，我们需要在历史的新起点上，将市场化改革和开放推向新阶段、新纪元。只要我们自己不给自己设卡设限，谁都卡不住我们的脖子与未来。

2020年8月30日

中国大循环:从有限到无限

一

2010 年 10 月,在北大光华管理学院读 EMBA 的广州企业家高伟应云南同学之邀,第一次来到西双版纳。

从景洪的嘎洒国际机场出来,他的第一感觉是这里的空气和广州不一样。玩了两天,发现这里“村村有佛寺,寺寺有佛塔”,建筑风格和广州也很不一样。再后来,觉得这里的傣族人都很善良,“估计是受南传佛教影响,老实得惊人”。

此后 10 年,高伟的生活有了西双版纳这个新坐标。他在澜沧江边买了高层洋房,后来又买了别墅,再后来干脆把事业重心转到这里,投资了一个国际康养小镇,背靠大黑山,前拥曼飞龙水库。因为项目太大,后来引入央企的保利发展做大股东和操盘者,项目名字叫保利·西双曼湖。

“幸福在哪里，西双版纳告诉你。”这几年，在高伟的撺掇下，光是北大光华管理学院 EMBA 的同学已有十几人在西双版纳置业。他习惯去街边的米线店吃早餐，去菜市场买小耳猪的猪肉，去澜沧江边钓鱼，去朋友的茶室喝茶。他说：“我们很多人退休后就准备在这里养老了。”

西双版纳位于北纬 21°，森林覆盖率约 80%，拥有中国保存最完整的热带雨林，负氧离子含量特别高，还有“避寒之都”之称。

我一直觉得西双版纳特别遥远，但从上海飞过去不过三小时，回程时间更短。泛亚铁路的中线（昆明—磨憨—万象—曼谷—吉隆坡—新加坡）2021 年年底会开通昆明到景洪这一段，到时从昆明到景洪只要两个多小时。中国第一条出国的高铁将大大带动西双版纳的对外循环。

2019 年，西双版纳接待国内外游客 4853 万人次，同比增长 20%。

2016 年，国务院正式批复设立中国老挝磨憨—磨丁经济合作区，磨憨在西双版纳一侧，磨丁在老挝一侧，这将是中国朝向南亚、东南亚辐射的一个重要支点。

听说我是第一次到西双版纳，高伟说：“你也该出来看看伟大祖国了。”

我脑子里跳出一些地名。河南鸡公山，没去过；湖北神农架，没去过；湖南张家界，没去过；四川九寨沟，没去过；贵州黄果树，没去过；广西十万大山，没去过。

我说：“内循环的空间，好大啊！”

循环方为大。人不动，物不畅，国土虽广经济也发展不起来。

人人多动，物畅其流，经济自会活跃成长。

二

2020 年 9 月 11 日，经济学家贾康从北京飞到鄂尔多斯伊金霍洛国际机场，参加康巴什金融经济论坛。

第二天，他在演讲中说："出了机场，看到鄂尔多斯的自然环境、生态绿化、树木花草与建筑物合在一起的景象，绝对称得上世界一流，欧美的高水平也不过如此。当然内在的一些东西，如海绵城市、智慧城市、地下综合管廊等还有短板。"

鄂尔多斯以"羊煤土气"闻名，拥有中国羊绒制品的 1/3、煤炭探明储量的 1/6、稀土高岭土的 1/2、天然气探明储量的 1/3。

康巴什是鄂尔多斯的新区，2002 年酝酿，2004 年开始建设。其规划设计由新加坡团队完成，城市布局从中心的成吉思汗雕塑广场沿道路和绿带向四面八方延展。成吉思汗雕塑广场长 2.5 公里、宽 200 米，道路两侧分布着国际会展中心、新闻中心、大剧院、文化艺术中心、博物馆、图书馆六大文化建筑。

康巴什所有电线、管线一次入地，市政路网一步到位，一楼一特色，一街一景观。2012 年，全国旅游景区质量等级评定委员会公告命名康巴什新区为国家 4A 级旅游区。以整座城市景观为载体申报国家 4A 级旅游区，这是中国首例。

康巴什新区刚建成时，恰逢鄂尔多斯的房地产泡沫破灭，这里也被美国《时代》周刊称为"一座鬼城"。其实康巴什原来只有两个村庄的规模，人口不到 1400 人，建成新区后人口迁入有一个过程。目前康巴什的人口为 15.3 万，按照建成区面积计算，已接近最初规划时“平均每平方公里规划人口密度为4000人”的标准(推算为15.4万人)。

鄂尔多斯也不像一些人说的,“羊煤土气”这“四大宝贝”已“四大皆空”。2019年,鄂尔多斯的GDP为3600亿元,排全国城市第65位,人均GDP则排前5位。

鄂尔多斯靠着毛乌素和库布齐两大沙漠,经过近20年治理,毛乌素已难见大面积明沙,库布齐则打造了5A级旅游景区响沙湾。康巴什新区领导说:“我们都不敢再治沙了,否则沙漠景观就看不见了。”

“鄂尔多斯是一座神奇之城,任何因传闻而来的人都会看到一部传奇。”我在论坛演讲中说。

“形成以国内大循环为主体、国内国际双循环相互促进的新发展格局”,这是2020年的热门话语。

在西双版纳和鄂尔多斯的体验,让我把目光聚焦到大循环上。西双版纳有3个多上海那么大,中国有480个西双版纳那么大。如果一个月去一个这么大的地方,要花40年才能走遍中国。

鄂尔多斯面积为8.7万平方公里,相当于13.7个上海;2019年末,全市常住人口208.76万人,相当于上海的8.6%。鄂尔多斯人口密度不到上海的1/150。这是多大的差异。差异产生向往。2019年暑假,我第一次去鄂尔多斯,在景区和酒店碰到最多的就是上海人。

三

从经济建设和社会发展的角度,西双版纳和鄂尔多斯给了我不少启示。尽管从经济发展水平看，中国各地有相当大差异，但从区域的自然禀赋、特色风貌和人民幸福感来看，各地可能并没有太大差距。哪里都有值得自己自豪的条件，哪里都可以谱写属于自己的美好篇章。

因此中国内部的大循环，不应该只遵循“梯度转移规律”，即经济和技术优势的扩散只能从东部沿海到中部再到西部。这一理论的假设是：东部沿海最先掌握先进技术，然后再按梯度向中等、落后地区转移。

事实上，需要看到，“反梯度转移”也是存在的。

早在 20 世纪 80 年代，一些经济学者（如当时在内蒙古工作的郭凡生）就提出，中国不但可以依靠发达地区原有的经济、技术、人才等优势引进外资和先进技术，也可以开辟欠发达地区依靠丰富的资源引进资金、技术和人才的“第二条致富之路”，随着资源型项目建设引进更多外资和技术，“使欠发达地区在露天采煤、超高压输电、大型火力发电、煤的液化、重化工、低温寒带的施工生产、三废处理、环境保护，以及应用微电子技术对开发建设和生产过程进行质量控制和管理等一系列重大技术上，居于国内领先地位”。

郭凡生说，先进的科学技术可以向商业和贸易发达区转移，也可以向智力和生产力水平较高的地区转移，还可以向资源丰富的地区转移。中国之所以在第三种转移走向上表现较差，关键是因为限制了国外先进技术向不发达地区的直接输入，也阻碍了国内发达与不发达地区的技术经济交流。

他举例，中东石油输出国在进行石油资源开发前，社会生产力和科学技术水平远比当时的内蒙古、甘肃、新疆等低得多，但它们利用自己的资源吸引了国际上大量的资金、技术和人才，使整个经济技术水平得到了超越性发展。苏联 20 世纪 60 年代开始对其东部地区进行开发，使用了大量西方贷款和技术，很多世界一流的苏联无法生产的勘探、运输、遥控等领域的技术设备涌入开发区。世界上最大口径的输气管道、最先进的高压泵站、把石油开采时产生的煤气重新打入出油地层以便把油尽可能多地挤压出来的先进技术、防止地下采油设备出现沉积物的高效化学剂等，都首先在这里采用。

郭凡生还提出，由于沿海工业过于集中，有些传统工业将向内迁移。但这种内移不应是将沿海使用多年的陈旧技术转向内地，而是新建的传统产业要在内地布局。“这种引进外资技术的工业内移，将使许多新技术革命中的先进技术在不发达和次发达区首先使用。”

贾康指出，今天在互联网等技术普及的条件下，对内地一些地方的发展完全可以高起点规划，直接对接世界水平，实现“反梯度转移”。两种转移应该是并存的。

回顾历史，为什么中国很多能源条件优越的地方并没有成为现代化样板呢？

一是石油石化、煤炭、矿产等往往被视为关系国家安全和国民经济命脉的重要行业，因此引进外资全面参与不太现实。虽有一些技术引进，但无法发挥推动先进生产力发展的整体效应。

二是能源资源型产业基本都是资本密集型产业，偏于上游，对整个城市与社会的融入程度和知识外溢有限。这些产业的资产专用性也很强，一旦资源枯竭公司就萎缩了。

今天当中国的区域经济分化越来越明显，确实到了从两种梯度转移的角度考虑问题的时候了，比如：赋予内地不亚于沿海的开放政策，在内地打造一些开放特区，将一些带动性强的高起点项目优先放到内地。

考虑到国际环境可能的变化，中国也要从全境角度寻找更多的开放突破口，特别是西南和东北。上海市社会科学界联合会主席王战提出，东北振兴要做好开放文章。

“东北和上海 20 世纪 80 年代以前同是指令性计划经济管控最严的地方，为什么上海走出来了，东北没走出来？最关键的原因是它没有一个好的开放环境。东北，北是俄罗斯，西是蒙古，南是朝鲜，没有一个好的开放环境。东北应该跳开一步，比如在符拉迪沃斯托克这个地方，结合北极航线打造一个开放的地方，同时把大连、营口的门户做好。”王战说。

四

没去鄂尔多斯前，也觉得特别遥远。其实上海飞过去也就三小时。康巴什新区领导告诉我，鄂尔多斯到北京只要飞一个半小时。坐高铁要经呼和浩特转，需要五个多小时。

鄂尔多斯距离包头 130 多公里，从包头到海口的包海高铁经过鄂尔多斯，正在建设之中。这条线设计时速为 350 公里，是中西部地区接合部的南北大动脉，跨越 7 省 80 个站，建成后是世界最长的高铁，为全国 1/4 的人口提供客运服务。

新区领导说，“用不了几年，全国人民会觉得鄂尔多斯真的不远。”

线下的高铁和线上的网络，的确在改变人们的时空感。这都是促进经济大循环的有利条件。

按照中国国家铁路集团《新时代交通强国铁路先行规划纲要》，到2035年，全国铁路网达到20万公里左右(目前14.14万公里)，其中高铁7万公里左右(目前3.6万公里)；人口20万以上城市实现铁路覆盖，50万以上城市高铁通达；全国1、2、3小时高铁出行圈和全国1、2、3天快货物流圈全面形成。

1、2、3小时高铁出行圈意味着什么？一是主要城区市域(郊)1小时通达，二是城市群内主要城市间2小时通达，三是相邻城市群及省会城市间3小时通达。轨道上的城市群和都市圈是呼之欲出的大趋势。

可以想象，由于更强大的交通网络，中国内部的互动、交融以及资源配置都将变得更快、更加便捷。城市群的发展和生产力的空间布局，将更加紧密和高效。

交通条件的改变将带给内地更多机会。王战说，以前我们做西部开发，就是想把东部产业转移过去，但建厂、销售都要考虑运输成本。从区位经济的角度来看，西部开发要因地制宜。

他举例，贵州过去交通很弱，2004年贵阳国际机场的客流量只有150万人次，而周围的桂林、广州、重庆、昆明等地的机场都是满负荷的。“我们建议贵州做旅游规划，打造泛珠三角旅游的集散机场。贵州率先打开支线空域，高铁、高速公路也都相继建起来，现在整个贵州经济发展就上去了。”

五

内部大循环不是走封闭之路，而是继续开放，更加开放。这一点已经很清楚了。关键是“循环”而不是“内”。开放为大，因动而大。或许用“大循环”代替“内循环”是一个更好的说法。

“大循环”的本质是促进资源更加自由、高频、高效、集约、科学地流动和配置。它既包括新基建这样的时空压缩战略，也包括在同一城市内部实现更加优化的空间布局，还包括在区域之间、产业之间、部门之间、所有制之间用多种形式打通壁垒和阻隔。

2020年，我在广东调研时看到，一些地方的工业化水平大大领先于城市化水平，某些村级工业园依然沿袭着改革开放之初“村村点火、户户冒烟”的局面，被锁定在一种“低水平富足”里。这就需要以城市的全域为载体，进行总体规划调整，比如在那些高度工业化、城市化的区域实现完全意义上的城市化，优化产业结构，同时将这些区域中存在的部分农地指标置换出去，给那些生态条件较好、农业比重较高的地方，做好农业和生态保护的更大文章。这事实上就是用新的循环打破固化、僵化、不合理的格局。

我国有很多资源特别是行政性的牌照、许可等，都固化在地方、部门、产业、企业里，别的地方、部门、产业、企业进不来。这里有大量跨地方、跨部门、跨产业、跨所有制的重组、并购、代替的机会。但不少人宁可让其慢慢没落，或用输血方式助其苟延残喘，也不让别的力量参与变革。

抓住权力不放，捂住资源不放，一定要破这样的局。不破，好循环、新循环、活循环、高效循环就立不起来。

我经常去不同的地方，越来越感到，对一个地方的发展来说，社会资本比物质资本更重要。社会资本是信用、信任、民风文化、创业精神、法制保障、尊重人权等的总和。

我看到，现代化程度比较高的地方，通常的特征是：干部和企业都说市场的话；干部和社会都说百姓爱听的话；在外来人（如投资者)面前,干部上上下下都说一样的话,说的和做的基本也是一样的;同时在政府内部,各级干部可以说不一样的话,可以实事求是地说话。

而比较落后又不思变革的地方,通常的特征是:干部和企业都说官话;干部和社会都说官员爱听的话;在外来人(如投资者)面前,干部上上下下说着不一样的话,说的和做的基本也是不一样的;同时在政府内部,各级干部不能说不一样的话,只能照本宣科地说话。

所以我觉得,在我们双循环的新发展实践中,如何将好的社会资本从高水平发展之地"循环"到低水平之地,用好的东西涤荡不好的东西,这才是关键点。

社会资本,才是一个地方发展运作的芯片。

中国必须以开放之心向宽阔之处行,以进取之心向高质量发展的高处行。这样,双循环就将成为永不停息的自我超越和螺旋式上升,而中国也将在这样的动态的自我超越中,激发新的想象力和创新活力,从有限迈向无限。

2020 年 9 月 20 日

一只打火机里的中国制造

一

2020年，这一年有太多的始料未及，但当时间的画卷完成，几条大的脉络仍然清晰可见，比如病毒与控制、美国与中国、政府与大企业。

从2016年大选到2020年大选，美国极大地加强了对中国的封锁。结果如何呢？

国际货币基金组织的数据表明，2016年中国经济总量约为美国的60%，2020年预计为73%。也就是说，在美国总统特朗普任内，这个数字提升了10多个百分点，这是特朗普留下的一份“经济遗产”。

2020年，“脱钩说”不绝于耳，但中国在全球的市场份额反而增加了。2020年1月到10月中国进出口规模创历史同期新高，前三季度中国对美出口增加了1.8%。

这一年，不愧为中国出口的丰收年。

2020年，我到上海洋山港四期码头采访，10月整个上海港的集装箱吞吐量以420万个标箱刷新了月度历史纪录。

上港集团一位领导说："这几个月出口太旺了。全世界找不出这么物美价廉、配套这么齐全、交付这么准时的制造业。中国企业是接单后老板和员工一起在车间加班，集卡司机等着运输，恨不得一天工作25个小时。哪里能这么拼！"

二

沧海横流，方显中国制造本色。

2020年，无论是口罩、一次性医用手套、防护服、消毒液、消毒纸巾、免洗洗手液、呼吸机、电脑、3D打印机、微波炉、电炒锅、面包机、榨汁机、咖啡机、自行车、沙发、办公桌椅、餐桌椅和儿童床，还是原来已经部分转到印度、孟加拉国、柬埔寨、缅甸的纺织品，中国为世界提供了大量不可或缺的供给。

2008年全球金融危机后，美国《时代》周刊将中国工人评为"2009年度风云人物"第二名，仅次于美联储主席伯南克，与奥运金牌获得者博尔特等并列。《时代》称，中国经济顺利实现"保八"，并带领世界走向经济复苏，这些功劳首先要归于中国千千万万勤劳坚韧的普通工人。

这一次新冠危机，中国制造和中国劳动者再次支撑了世界。

从2008年到2020年，中国制造和中国出口的表现至少说明了以下两点：

1. 传统不等于过时。传统产业其实是基础产业、基石产业，世界永远需要。

2. 尽管要素成本在提高，但中国企业通过改善和创新，综合竞争力依然明显。

中国制造仍是全球消费者的福音。

2020 年，我实地走访了几十家各类制造企业，更好地理解了什么是中国经济的根基。也希望通过这篇文章，向制造业的坚守者和创新者表示敬意。

三

我要讲的故事的主角，是宁波慈溪市崇寿镇的一家民企，名字叫新海集团（以下简称“新海”）。

它起家的产品是打火机。它也是打火机、点火枪两项强制性国家标准的第一起草单位。

目前，新海年销售规模在 13 亿元左右，其中打火机贡献了 7 亿元，一天生产 300 万只左右，产品远销 87 个国家和地区。

放着那么多赫赫有名、规模百亿元千亿元的大企业不写，为何要写新海？

因为调研时，我被两个数字惊到了。

一是日本客户（如 7-11 便利店）要求的不良率是百万分之一，每一只打火机都要检测，而不是抽检。

二是 30 年来打火机在中国一般的零售摊点的售价一直是 1 块钱。

30 年，社会的要素成本在提高，而产品的终端售价基本没有提高，做这样倒逼成本不能高、质量必须高的生意太不容易了！

作为打火机领域的浙江企业代表，新海参与了浙江制造“品”字标的先进性标准制定，该标准高于国标。

比如抗内压，国标(GB 25722—2010)要求实验设备为能够产生2MPa内压的任何装置，“品”字标是3MPa(1MPa相当于10公斤压力)；

又比如抗持续燃烧，国标是2分钟，“品”字标是3分钟；

再比如燃料相容性，国标要求实验条件是(40±2)℃ ×28天，“品”字标是50℃ ×28天；

…………

品质标准这么高，意味着原材料、设备、生产技术、检测等的质量、水平都要高，这都要投入。

成本上去了，但市场上的回报并不算很高。

一是因为品牌无感。中国3亿多个烟民平均每人一年买30多个打火机，不是用坏了，是用了一次或几次就扔掉了，烟民对打火机基本没有品牌意识，习惯随买随用随扔。

二是因为劣币冲击。比如新海打火机的标准是壁厚1.8毫米，而国内市场上很多打火机壁厚1.2毫米甚至1毫米，新海打火机的原材料占总成本的一半，偷工减料的打火机可以低不少，但也能用。打火机是国家二类危险品，按规定不能用快递送的，但电商平台上都在卖和送。在大量这类产品的冲击下，新海虽然质优，但劣币驱逐良币，不可能有很高的市场占有率。

四

既然如此，新海为什么还要苦苦坚持、精益求精呢？采访中得到的答案是两个。

一是做好品质品牌才能长远生存。

新海已经做了差不多30年打火机，依然屹立不倒，而那些二流、三流、不入流的企业则如大浪淘沙。不少企业只要能顺利点火、安全不爆炸就行了，但也做不了很久。新海则从1990年的第一代砂轮机，1996年的第二代支架机，1999年的第三代连体机，2002年的第四代斜打机，2015年的第五代恒流阀，创新不停。特别是恒流阀这一代，新海花了8年时间，投入上亿元资金，终于成功，在世界上首创了AS恒流阀打火机。

“为什么做恒流阀？为的是火焰稳定。举个例子，你给领导点烟，要是火焰突然跳上去，把领导眉毛给烧着了，那不就是大事情？但真要时时刻刻稳定，非常困难。”

二是初始依赖，也就是企业创立之初的路径选择。

新海的创始人黄新华是模具工程师出身，特别注重技术和品质。1993年，他创立了新海，开始给欧洲市场提供的120万只打火机因质量不过关被退回，只好再贷款，花了9个月时间把120万只打火机拆掉重装，这才顺利销到欧洲市场。

2003年，新海正式成为国际ISO/TC61打火机协会分会会员，是该协会唯一的中国代表，新海比照该标准的要求，成立了攻关小组，先后投资200多万美元引进瑞士和德国先进的模具加工和注塑等设备，使产品性能上了一个新台阶。

1997 年,新海开始进入日本市场;2002 年,请到 7-11 便利店的人来慈溪参观。此后,新海做了一系列改进,专门成立了检测中心。2006 年,产品进入日本 7-11 便利店。当时日本打火机市场容量折合人民币为 6 亿元,新海占 1/6。由于日本烟民数量逐年下降,目前市场容量降到 3 亿元左右,新海的销售额则升至 1.8 亿元,占日本市场的 60%。

“至少 5 到 10 年内,我们在日本的地位不会改变。”新海亚洲市场的负责人说。

为要求严格的发达国家市场生产产品,这是新海的初始依赖。比如欧美日市场都要求打火机符合 CR(防儿童开启)法规要求,新海就自主设计了 CR 结构,以符合其要求。这些努力从一开始就塑造了新海注重品质保证、用品质建立信用的气质。

新海在国内销量不大,但中烟公司和很多品牌企业如果要定制打火机,新海就是最好的选择。同时,由于移动支付的流行,用户扫码付款,也就不存在没钱找零时用打火机充数的情况了,如果你的产品有差异化价值,卖 2 元、3 元也渐渐成为可能。2018 年开始,新海就不断进入国内的很多商超和便利店渠道。

打火机,一个很不起眼的产品和市场,里面包含着许多的学问。

五

生产一只打火机并不简单。涉及材料、精密模具、电气自动化等多个方面。

它有 30 多个零部件,50 多个环节。

新海如何在打火机领域做到极致?一是成本管理,二是技术创新。

先说一下成本管理。

生产一只打火机，最大的成本是原材料，原材料成本降低的空间是非常有限的，有时用好的材料价格可能还会上涨。新海基本上所有的配件都自己做，这样也能保证最大化控制品质。

人工也是成本中很大的一块。单个工人的收入是不能降低的，但单个产品中的人工成本是必须降低的，这就要“机器换人”，通过自动化方式减少总的人数。

在新海，“机器换人”最早始于 2007 年，2010 年正式启动，到 2015 年基本完成。一开始买日本的自动生产线，发现不能适应多品种、小批量的生产要求；再去中国深圳找企业进行自动化开发，发现由于生产的“非标性”，深圳的方案也做不到柔性和灵活；最后必须自己深度参与，和一家中国台湾公司一起，重新梳理工艺，一个一个环节死抠，看看哪里可以换人。除了外部合作，新海还自行研制了很多“机器换人”的设备，反复磨合，实现效率倍增。

比如，用机械臂自动调火，可以减少一半人工，效率能提高 6 倍。又如，一个工人组装 8 小时可以装 1000 个打火机，改用翻板组装，效率提高了 20 倍。

成本管理是基础，但要提高客户满意度，更要靠创新。

以花了 8 年研发成功的恒流阀技术为例，恒流阀在压力不变的情况下，可以匀速透气，确保每次打火的火焰处于预设高度，这样气体燃烧更充分，使用效率更高，比普通打火机节能 30%以上，安全也更有保障。同时，恒流阀产品完全自动化生产，保证品质恒定。

尽管有创新的思路和正确的方向，但实行的难度比想象的大很多。不仅在结构设计，而且在于从设计、材料、工艺到制造，每个零部件如何做到成本最低、性能最佳？装配在一起如何最匹配？这要通过无数实验去验证。光是为了解决气箱厚度多少为好的问题，新海就生产了 16 万只不同尺寸的打火机进行实验，最后确定了最佳尺寸配比。

黄新华说："1 万粒沙子里才能找到 1 粒金子，但现实中很多人做到 9000 次可能就放弃了。"他说自己之所以不受房地产等行业的诱惑，因为"快钱赚过，人就浮躁了"，房地产一个项目团队可能只有几十个人，做 PE（私募股权投资）可能只要几个人，赚钱还更快，一进去肯定就静不下心来了。他问过一个犹太裔客户，犹太人为什么那么会做生意？客户说，因为犹太人往往选择做长期的生意。

六

模具工程师出身的黄新华，创企 30 余年，就做了打火机、点火枪和医疗器械这两个产业。这是有关联的，都和精密塑料的使用有关。像 2020 年新冠肺炎疫情中用的插管，不少就是新海制造的。

新海的愿景是"成为世界一流的精密塑料经营专家"。黄新华说："我只做自己看得懂的东西。"在精密塑料方面的能力就像揉面，有这个能力，蒸包子可以，蒸馒头也可以，但包子、馒头都首先是面食。

你一定听过以下这些关于中国制造的说法：

——要素成本提高，早该转移了；

——低端落后生产，早该淘汰了；

——仿冒拷贝，没有什么创新价值。

通过新海这个案例，这些说法都可以被证伪。

当然，制造业的发展环境确实在变化。比如，“95后”的新一代工人喜欢智能化、办公室化的工作环境，喜欢游戏和软件，所以新海生产医疗器械的智能新工厂就得符合他们的向往。那个工厂70%的工人是“95后”，工人的平均年龄为30岁。而打火机工厂平均年龄是42岁。

新海打火机事业部负责人说：“我们明年要开始改造打火机工厂，让工人有更好的环境，他们心情好，打火机的质量也会更好。”

从全世界看，国外先进的打火机正朝着环保（降塑）方向发展，所以新海也在思考新的创新方向。

中国制造正站在新的历史起点上。当我们想到光刻机、曝光机、贴片机，就会感到差距和心痛。

我从新海得到的启示是，再普通的产品都像一个道场，可以演绎出无穷价值。看起来打火机与光刻机是天壤之别，但我相信，有永远追求更好、更新、更合理的中国制造精神，没有什么障碍最终不能跨越。

这篇文章写了一只打火机里的中国制造，我也看到过一只插座里的中国制造、一个旋梭里的中国制造、一个纽扣和一根拉链里的中国制造。

凡事做到极致，道理总是相通。一花一世界，一叶一如来。

一切都在于时间，以及在时间长河中永不止息地努力和创造。

2020年12月6日

第三章

中国企业的韧性

下一个美好时代在哪里

乱世之年

2020 年上半年，全球重大新闻几乎都是负面的。新冠肺炎疫情，弗洛伊德事件，世界经济陷入低谷，失业潮、倒闭潮、债务潮，“去全球化”升温，中美关系再降温，等等。

唯一的好消息可能是数字化发展。但社交媒体上的极化与撕裂，也在加剧焦虑。焦虑到一定程度，就开始猜测战争。

新冠肺炎疫情是 2020 年的最大标签。2020 年 6 月 11 日，世卫组织总干事谭德塞通报说，“欧洲情况在改善，但全球总体疫情在恶化。过去两周的大部分时间里，每天报告新病例都超过 10 万例”，“现在最大的危险是自满。研究表明大多数人仍然易感”。

很多人没有注意到的是，刚果政府 2020 年 6 月 1 日宣布，在赤道省的一个卫生区暴发了新的埃博拉病毒疫情，4 例已经死亡，存活的 2 例病人正接受治疗。谭德塞说："这提醒我们，COVID-19 并不是人们面临的唯一健康威胁。"

对疫情的惶恐加剧了自我封锁和相互封锁，这又和全球化的分化相一致。英国 2020 年 1 月 31 日正式脱欧，过渡期到 2020 年年底，2020 年 6 月 12 日英国和欧盟确认，英国不会延长过渡期，从 2021 年 1 月 1 日起将"重获政治和经济独立"。

2020 年还发生了原油价格暴跌危机。除了需求疲软，背后是沙特阿拉伯、俄罗斯和美国的三角博弈。如果未来人们出行减少，或更多使用电力，石油需求短期内很难恢复。电气化的能源供给将更多地依赖光伏、风力发电和电池，这又会形成新的能源地缘政治，从过去追逐油田到追逐稀有金属矿山。

乱世中需要方向、共识、互助。但 2020 年全球领导力异常缺乏。无论是疫情削弱了美国的领导力，还是美国主动放弃了领导力，结果都令人沮丧。一位日本学者说，世界正朝"零大国"时代发展，美国维持世界秩序和提供国际公共资源的意识明显减弱、能力明显下降，但当前也没有国家能取代美国。

人类需要洗礼

我一向乐观，但在 2020 年上半年感到，时间越是推移，事态越是发展，不乐观越是增加。

我和万科创始人王石交流，2020 年他带头参加了"深圳十峰"全面健身登山活动，梧桐山、七娘山、大雁顶、莲花山……每天早上四五点起来登山，9 点之后干其他事。双休日一天登两座山。"深圳十峰”很快就登完了。他说,“我又回到 20 世纪 80 年代初的那种状态”。他在以色列读书,做风险投资,做深潜学院项目,做公益,做华大集团联席董事长,做中日间的沟通,做许多的事。

城市动起来,走出新冠阴霾,这是“深圳十峰”活动的出发点。69 岁的王石的状态启发我,面对外部变化,抱怨于事无补,总是要动起来,做好能做的事,做自己的主人而不是变化的俘虏。

2020 年诸多危机叠加爆发,不会轻易散去。深度的危机,需要深入的思考。

对置身现代化、全球化大潮的中国人来说,几乎没有谁怀疑现代化、全球化的价值。现代化是中国百年之梦,也是圆梦的现实路径;融入全球化为实现现代化提供了天时地利,中国也是全球化的极大受益者。

我仍然相信现代化和全球化的方向,但也意识到,现代化和全球化的内涵需要再定义,利益的分配需要再平衡。疫情按下“暂停键”也是对过去某些发展模式喊停,对其进行强制调整。这里的核心在于,人类的发展如何不逾越环境的承受力,和对贫富分化的容忍度。

我不知道下一个美好时代何时开始,但我知道,下一个美好时代一定和从高碳到零碳、从熵增到熵减、从聚敛到普惠、从脆弱到安全等相关。人类需要的发展应该是可持续、可信任的发展,否则一定会失衡、失序、失灵。

人类需要一次洗礼,企业也需要自我超越,建立新共识,弥合旧裂痕。

2020 年,我先后参加了社会价值投资联盟(深圳)举行的“新冠肺炎疫情与新商业文明”研讨会,以及领教工坊、秦朔朋友圈、《南风窗》等发起的“成就美好企业——新鹅湖之会”，提出了“中国企业要做到讲规律、讲规则、讲信任的统一，践行商业文明和可持续发展原则”，“建立文明的资产负债表，全面反映企业的社会成本占用和社会价值贡献”等观点，我也从一些企业家和专家的分享中获益匪浅，在此和大家进一步分享。

环境与女性

一阴一阳之谓道。阴中有阳，阳中有阴。如果人类发展只有亢奋进取的阳的一面，没有和谐共生的阴的一面，环境将无法承受。

从1万年前到工业革命发生，地球大气二氧化碳浓度基本保持在280ppm(ppm为百万分之一的计量单位)。这是一个评估基准线。1958年的浓度为316ppm，20世纪60年代之后浓度陡升，到2016年每个月的浓度都超过400ppm。2019年5月11日，夏威夷莫纳罗亚天文台探测到的浓度突破415ppm。

地球有这么高的二氧化碳浓度，上一次是在300万年前，那时地球温度比现在高2～3℃，海平面比现在高20米，超过1/3的南极冰盖融化。环境科学家认为，人类正朝着300万年前的“上新世中期”持续前进。

2013年，政府间气候变化专门委员会对未来情景所做的最悲观预测是：人口爆炸、技术停滞、排放不断增长，大气二氧化碳浓度将在2250年达到2000ppm。这个水平接近恐龙生活的侏罗纪，地球温度将灾难性地上升9℃。

2015年《巴黎协定》设定的目标是：把全球平均气温较工业化之前水平的升高范围控制在2℃之内，并为把升温控制在1.5℃之内而努力。

我把新冠肺炎疫情按下"暂停键"视为人类的反思契机,用来延缓过猛和过于粗放的生产活动导致的二氧化碳排放危机的大爆发。很多研究证明,气候变暖与极端天气频发,加剧了物种变化与变异,增加了流行性病毒出现的概率,而且当它们出现时,人类往往不明根源,束手无策。

远景集团的创始人张雷说,如果任由这种不可持续的模式继续,未来的上海可能会变成海上。

在张雷演讲前,原招行行长马蔚华说,气候变暖有两个原因:自然原因和人为原因,联合国的报告明确指出90%是人为原因,即工业化、城镇化过度开发,过度使用石化燃料,等等。他提出,今天要重读《寂静的春天》和《增长的极限》这两本书。

张雷说,这两本书他都看过,两位作者都是女性。

《寂静的春天》是蕾切尔·卡森写的,反映了滥用农药给生态环境造成的严重后果。1964年,《寂静的春天》出版后几个月,蕾切尔死于癌症,但她的声音并不寂静。1970年4月22日,美国掀起声势浩大的环境保护运动,约2000万人参与,这一天后来被确立为"世界地球日"。蕾切尔曾说,"我们关注宇宙中自然奇观和客观事物的焦点越清晰,我们破坏它们的尝试就越少"。

《增长的极限》是罗马俱乐部1972年3月完成的一份关于人类困境的报告,1973年石油危机后得到广泛关注。该书的第一作者德内拉·梅多斯是一位女性,她还写过9本关于可持续发展问题的著作。她于2001年去世。

张雷发现,女性领导者都非常重视环境和可持续发展。2020年1月达沃斯论坛期间,芬兰首相桑娜·马林、丹麦首相梅特·弗雷泽里克森、挪威首相埃尔娜·索尔贝格都在谈论为世界实现零碳排放、解决气候危机而努力。她们都是女性。欧盟委员会新上任的主席乌尔苏拉·冯德莱恩也是女性，她强调环境保护是“最紧迫的任务”，她为此提出《欧盟绿色协议》，指出欧盟在 2030 年前必须把碳排放量降低到 1990 年碳排放量的 50%。

冯德莱恩说，仰赖石油与污染来刺激经济成长的策略已过时。绿色协议不仅能降低碳排放量，也能创造更多就业机会，并刺激更多的创新想法诞生。

过去两年，瑞典女中学生、环保少女格蕾塔·桑伯格成为全球网红。她的名言是：“没有人因为微不足道而不能做出改变。”（No one is too small to make a difference.）

桑伯格在斯德哥尔摩长大，她尤其担忧北极冰雪融化所带来的威胁。她在社交媒体上写道：“如果人类的生存都受到了威胁，那就没必要谈其他事情了。只要一打开电视，一切就都是关于气候变化的新闻。”

2018 年 8 月 25 日，桑伯格没有像往常一样去学校上课，而是走到议会大厦门口，为了气候问题而罢课抗议。此后每周五，她都会准时来到议会大厦门口，拿着“为了环境，罢课！”的牌子，静坐抗议。在她罢课两个月后，斯德哥尔摩有数百名学生加入其中。

当女性为可持续发展呼吁和行动时，男性掌权者在想什么？2018 年 5 月，张雷参加了由梵蒂冈教皇召集的会议，在闭门会讨论气候危机时，所有在场的能源公司 CEO 都说他们要以股东利益为重，无能为力；一些大型投资基金管理人也表示，作为受托人，他们有 fiduciary duty（受托责任），要给投资者最好的回报。

他们的意思是，为了股东和委托人利益，即使对环境有影响，也没有办法。

这时张雷问:“在座各位都非常清楚,《巴黎协定》已经签署,在座有没有人认为我们在21世纪末可以将较工业革命之前气温的上升幅度控制在2℃之内?认为能做到的请举个手。”结果没有一个人举手。这时又是一位女性发声了,她是某国家主权基金的负责人,她说:“我们不能这样,不能看着地球就此沉没。”

一年后这批CEO和基金管理人又聚在一起。一位石油企业的CEO对张雷说:“这一年我们做了很多可持续方面的投资,有了很多变化。原因说出来你可能不信,但是,是真实的故事。”

原来,这位CEO有一天回家,看到女儿非常沮丧,哭了一晚上。女儿临睡前才告诉他:“爸爸,你是石油公司CEO,但今天在学校,老师和同学告诉我,石油公司正在破坏人类的未来,改变气候和环境。我感觉非常耻辱,而我曾经以你为荣。”

就像桑伯格的一个停学行动影响到整个欧洲,全球最大石油公司之一CEO的行动改变,源自女儿的遭遇。

“‘没有人因为微不足道而不能做出改变。’可再生能源的成本遵循摩尔定律持续下降,今天已经显著低于化石能源的成本。每个人只要有善良的初心,形成社会共鸣,不经意间都会影响和改变社会。”张雷说。

5年甚至10年前,就有不少医学专家和科学家对全球传染病的危险发出呼吁。但面对这一“灰犀牛”,甚至是“房间里的大象”,所有人装作看不见。最后,该来的还是要来,而且一来就不会轻易走开。如果有更多女性担任组织领导,世界会不会更美好和谐?

如果我们把猜忌、仇恨、戾气、欺凌、不公平、以邻为壑等也视为碳排放的一种，如果通过大数据和算法可以时时发布全球各地人们情绪的排放指数，我们会不会更加克制和明智？

共创共享

在新冠肺炎疫情中我和很多企业家交流，问疫情对他们的思想有何影响。有一点很意外，几位企业家不约而同地说，如何解决好社会的贫富分化问题，使社会更加“橄榄化”，非常重要。疫情让强者更强、行业集中度更高，对行业龙头、冠军来说当然是好事，但如果贫弱者只能被收购或倒闭，贫弱者规模扩大化，一方面会使社会有效需求上不来，另一方面也会导致贫弱者增加对富强者的负面情绪，都不是好事。

在我看来，解决贫富分化，靠重回平均主义、“劫富济贫”是断然不行的，关键还是要从制度上强化对中低收入群体的基本保障和公平待遇，提升其人力资本，并创造更好的社会流动性。

中国社科院副院长蔡昉指出，很多农民工由于没有获得城镇户口，没有享受到与城镇户籍人口完全均等的基本公共服务，解决不了退休以后的养老问题，解决不了医疗、失业等社会保险的问题，解决不了孩子的教育问题，因此不能成为稳定的劳动力供给者，也不是一个稳定的消费者群体。他说：“我的同事也做了一个分析，农民工在不改变就业、不增加收入、不改变其他所有人口特征的情况下，只要获得城市户口，他们的消费就能够提高27%。这表明农民工目前的户籍身份给了农民工太多的后顾之忧，使他们不敢正常消费。”

不过，在促进普惠与包容性发展方面，企业还是可以付出很多努力的。美国100多年前的“进步主义”时代，就在反对垄断和过度资本化(over-capitalization)、促进自由竞争、保护劳工权益等方面采取了很多举措，缓解了资本与劳动的矛盾。

在研讨中，我看到的一个从企业内生角度帮助解决贫富分化、实现普惠发展的趋势，就是让劳动者更多地参与资本利益分配，让利益相关方更多地参与价值链利益分配。

领教工坊创始人、管理学家肖知兴说，从他多年来的观察看，那些真正能够做大做久的企业，都不是“为老板打工的企业”，而是“共同的事业”。如华为的“不让雷锋吃亏”、顺丰的“让一批人得到有尊严的生活”、海底捞的“双手改变命运”、德胜洋楼的“让农民工成为绅士”、木屋烧烤的“成就平凡的伙伴”等理念、机制与实践，本质都是通过民主化、普惠化的参与、激励和分享，打造命运共同体，让事业生生不息、长治久安。

肖知兴说，华为早期实现飞跃的原因不是请IBM做咨询，而是在1995年、1996年，把员工薪水调到跟外资企业员工一样。那时在外企上班三四千元一个月，内企200元一个月，深圳高一点，也就五六百元一个月。华为把员工薪水从五六百元直接提到三四千元，这是什么样的魄力？逻辑很简单，它的对手是朗讯、摩托罗拉，你至少得跟竞争对手出一样的价格，才能招到好的员工。“在此之前，中国的劳动力市场中间有这么一堵柏林墙，华为把这堵柏林墙给拆了。”

“海底捞的道德激情是什么？双手改变命运。海底捞的员工基本都是农民工，早期都是从四川简阳走出来，身高一米四几、一米五几的小姑娘，跑到大城市，被歧视甚至被侮辱。张勇说，海底捞要建一个平台，让你们用双手改变命运。不看户口、不看学历、不看背景,只要你愿意干,能服务好,你就能做到领班,做到店长,做到大区经理。做到店长后就能获得一定比例的利润分享(包括徒弟再开店的利益分享),年薪可以有几百万元,还配保姆、配司机。”

张勇曾说,他不在意赚多少钱,目标只有三个:第一是创造公平公正的工作环境;第二是让跟他干的弟兄们能用双手改变命运,真正激发潜能,自然而然、由内到外地把品牌做起来;第三才是把海底捞开遍全国。“要让员工对顾客好,你对待员工就必须像对待家人一样好,这是海底捞的价值观和底层逻辑。”

我在研讨中碰到了木屋烧烤的创始人隋政军。他是山东人,1991 年到深圳闯世界,2003 年辞职创业,创立了木屋烧烤。

隋政军在连锁发展过程中踩过一个“坑”。在他刚有 10 家店时,负责出品的 200 多号员工组织了一次罢工,他们包下一个饭店,把隋政军等管理层找去,当场递上一封信,写了 10 条,包括出品间的人可以由他们任命、工资由他们来调整等。这件事让隋政军形成了“人才是靠不住的”的管理哲学。

创业第六年,赶上用工荒,隋政军给员工涨了 50%的工资,还是留不住人。2015 年,木屋烧烤继续扩张,冬天出现大面积亏损和资金链断裂,他卖房子,抵押父亲的房子,才得以维持公司。

隋政军的真正突破是在领教工坊学习时的思维改变。当时他为木屋烧烤设计了一个“高大上”的使命:“打造中式生活空间,为中华餐饮饮食文化走向世界而奋斗。”肖知兴一看,立即反对,“这个使命完全无法让你的员工兴奋起来”。后来口号变成“百城千店,有我一份”,再升级为“成就草根人才”,最后再到“成就平凡的伙伴”。

隋政军说:“从本质上说,我就是个典型草根,第一份工作在深圳当保安,靠自己拼搏奋斗才让人生发生了质的改变。我想我的使命应该是带着普通员工们一起改变自己的命运,享受美好生活。”比如,凡是木屋烧烤的老员工,无论是厨房阿姨还是扫地大叔,只要工作满 3 年就有资格在公司抽签,获得门店一定的投资份额。他将门店分红权逐渐放给员工,从 10%到 50%不等,门店分红比例将随着时间推移逐渐放宽,并让更多员工享受到企业发展的红利。

每家企业情况不同,不可能都沿用海底捞和木屋烧烤的方法。但这些企业成功的背后,的确都有一个共性,那就是共创共享,在做大蛋糕的同时实现普惠式发展。这一点正越来越普遍。

向往美好

今天很多企业都在暗淡时刻,但也有很多企业展示出坚不可摧的生机与活力。

这个时候,是思考本质性问题的时候:

企业的本质是什么?为什么要做企业?为什么要这样做而不是那样做?

下一个美好时代在哪里?

这篇文章探讨了经济增长与环境的关系、资本与劳动的关系两个命题,它们都展示了对称的重要性。

当你把高碳的、熵增的东西加给外界,它们必定向你还击。大量急功近利、坑蒙拐骗、损人利己的行为都是熵增行为,既伤害外部环境,也扭曲自己的灵魂。下一个美好时代,需要和谐、节制、智慧、有价值的增长。

这一轮全球化受挫于资本与劳动利益分配的失衡。政客抓住失衡,强化脱钩迷思,进而加剧地缘政治冲突。可见资本和劳动利益的过度不对称，一定会被校正，并且会引发惨痛代价。

而对我们每个人来说，在外部环境越来越不确定的情况下，向往美好并不是奢侈的梦幻，而是一种激励自我的挑战。我们的生命、精神和未来如何更加对称和平衡？这是无法回避的思考和抉择。

2020 年 6 月 14 日

“国企弱势说”争议背后

“把我招进国企吧，我替你们受欺负”

“国企经常被人欺负，属于弱势群体”，“希望将来国企待遇好一点”，“但民营企业也要改革，民营企业不能不改革”。

这是中化集团董事长、党组书记宁高宁 2020 年 9 月底在中国绿公司年会上说的话。

宁高宁 1983 年通过全国研究生考试，公派选拔赴美留学，是改革开放后中国最早到美国攻读 MBA 的企业家之一。他在华润集团、中粮集团分别担任过总经理、董事长，堪称央企领军人物之一，在企业家群体中也相当有影响力。

但宁高宁的“国企弱势说”，在社会上迅速引起了争议。

我在新浪微博、今日头条等社交媒体上看到的评论大多是这样的：

“把我招进国企吧，我替你们受欺负。”

“那就请宁总辞职下海吧，不要再受那个弱势群体的委屈，到工商办个执照就可以了。”

“那中小企业属于什么群体？”

“国企福利待遇和工作舒适度简直比大多数民企好太多了。”

“有多少人想往国企钻？如果说国企经常被人欺负，属于弱势群体，那么民企就是被人踩在脚下的一个群体了。国企、民企的地位如何，问问银行不就清楚了？”

“说得挺好的。为国企争得更多政策、更多财政安排，进了国企就有各种保障，还不够，还应加强。”

“国企弱势说”为何惹出如此多争议？值得深思。

站不住脚的一面

宁高宁总共说了三个问题：国企被欺负、弱势的问题；国企的待遇问题；民企也要改革的问题。最后一点我完全赞同。主要讨论前面两个问题，可以把它们放在一起讨论。

先从国家统计局 2020 年发布的一张表格开始，它反映了规模以上企业分岗位就业人员的年平均工资情况（见表 3-1）。

从表中可见，国有企业就业人员的平均工资低于外商投资企业（低 14％左右），与股份有限公司和港澳台商投资企业相当（略高一点），高于集体、股份合作、联营、有限责任公司、私营、其他内资。经计算，国企的平均工资高出私营企业的 51％，高出全部企业就业人员的 21％。

表 3-1 2019 年登记注册类型分岗位就业人员年平均工资

单位：元

登记注册类型	规模以上企业就业人员	中层及以上管理人员	专业技术人员	办事人员和有关人员	社会生产服务和生活服务人员	生产制造及有关人员
全　部	75229	156892	105806	70926	60015	59586
国有	91607	179156	118107	81059	73586	77997
集　体	50983	96622	59658	47949	45305	46336
股份合作	60713	107015	70308	55554	51503	54847
联　营	65388	132204	89437	54628	53887	45060
有限责任公司	79949	169041	112173	71666	62592	63641
股份有限公司	91052	206426	122132	85977	71981	69901
私　营	60551	109946	78257	56676	48329	52494
其他内资	75406	132934	83668	61647	50458	43960
港澳台商投资	90164	235459	158976	99733	72968	60968
外商投资	106180	316572	165175	116683	80675	70232

再考虑到国企岗位比较稳定、福利保障比较完备，就不难理解为什么现在大学生抢着想进央企和国有银行。

显然，从员工待遇角度看，“国企弱势说”站不住脚。

从国企实力和地位看，虽然整个国有经济在国民经济中的比重已经低于 40%，但国企的支柱性地位并未下降。2020 年《财富》世界 500 强，国务院国资委出资的央企有 48 家入围，地方国资委出资的国企有 32 家入围，财政系统出资的国企有 12 家入围（金融机构），一共 92 家，而非国有企业不到 30 家。也就是说，中国入围世界 500 强的企业，国企是非国企的 3 倍以上。

国家统计局的表中没有包含个体就业、自由职业等非单位就业人员的工资情况，如摆小摊的、开网店的、当微商的、跑快递的、做自媒体的等等。他们中的少部分收入可能较高，但作为一个群体和国企相比谁弱势？绝大多数人不会说国企弱势。国企作为一个组织给员工的安全感，远高于那些风里来雨里去、一日不劳动一日不得食的“非单位就业人员”。

企业的强势、弱势还可以从其融资成本反映出来。谁弱谁的风险高、融资成本高，这是一个基本道理。

根据中国财政科学研究院发布的2019年“降成本”调研成果报告，国企获得的直接和间接的融资成本都低于民企（见表3-2）。在其样本中，2016—2018年国企的短期贷款利率在5.06%～5.17%，民企的相应值在6.05%～6.14%；国企的银行长期贷款利率和债券发行利率均值为5.28%、5.66%，民企的相应数值为6.27%、6.29%。

表3-2　2016—2018年国有和民营企业的融资成本变化情况

单位：%

年份	国有企企				
	银行短期贷款利率	银行长期贷款利率	债券发行利率	民间借贷利率	融资担保利率
2016	5.06	5.27	5.03	7.40	3.69
2017	5.07	5.29	5.69	7.81	4.00
2018	5.17	5.28	5.66	7.41	3.79

续表

年份	民营企业				
	银行短期贷款利率	银行长期贷款利率	债券发行利率	民间借贷利率	融资担保利率
2016	6.14	6.25	6.02	11.38	2.67
2017	6.08	6.25	6.08	10.65	2.82
2018	6.05	6.31	6.77	10.90	3.01

讨论到最后，真的不知道国企相对谁是弱势群体。和阿里巴巴、腾讯比？这样的民企毕竟是少数。

有道理的一面

宁高宁不是随随便便说话的人。既然谈到弱势，而且和待遇联系在一起，必定还是有其深义的。

我认为，和其他类型企业比，国企整体工资待遇不低，但国企领导人确实存在激励不够、待遇偏低的问题。

宁高宁所在的中化集团，2019 年的营业收入为 5863 亿元，利润总额为 186.8 亿元，净利润为 133.6 亿元。根据国资委网站的公开数据，宁高宁 2018 年度应付年薪为 75.52 万元，社会保险、企业年金、补充医疗保险及住房公积金的单位缴存部分为 16.48 万元，2018 年任期激励收入为 19.61 万元。国资委网站公布了全部 97 家央企的高管薪酬，大多数年薪在 50 万 ～70 万元。同时按照相关要求，任期激励收入不能超过年薪的 30%。

再看一下银行。中国银行业利润很高，职工人均薪酬福利也较高。中国经济网记者根据 2019 年年报所做的统计显示，六大国有商业银行的员工人均薪酬福利在 26.78 万元（农业银行）到 37.51 万元（交通银行）之间。与此同时，6 家银行董事长的年薪则在 46.99 万元（工商银行陈四清）到 77.93 万元（交通银行任德奇）之间。工商银行是“宇宙第一大行”，2019 年实现了 3134 亿元利润，但其董事长的年薪只有该行员工平均年薪（28.52 万元）的 1.65 倍。

在六大银行中，有薪酬限制的中管干部和从人力资源市场聘任的高管、没有限薪的分支机构管理者之间，已经出现了薪酬“倒挂”。市场化聘任的高管（包括首席财务官、首席风险官、首席审计官、首席信息官、董事会秘书等）年薪都在 100 万元以上，某些省分行或海外分行行长的年薪约在 200 万元以上。

根据德勤中国公司治理研究中心 2020 年 7 月发布的《培养和塑造中国的金融企业家》报告：中国的六大国有商业银行的董事长、行长和副行长的薪酬水平，明显低于十大股份制商业银行（招商、浦发、中信、光大、华夏、民生、广发、兴业、平安、浙商），后者同样的高管岗位的薪酬是前者的 3～4 倍；如果拿中国六大商业银行和国外 6 家对标银行（摩根大通、美国银行、花旗、富国、高盛、汇丰）比，后者的董事长、行长和副行长的薪酬，分别是前者的 266 倍、225 倍和 152 倍。

怎样看待这些数据？我曾用“事业家”一词评价央企领导人，他们的薪酬水平和市场水平不可比，要有很强的事业心和觉悟。

德勤的报告认为：随着金融业市场化、国际化和科技化运营程度的不断提升，国有大型金融企业与国内外各种金融企业的人才竞争将空前激烈；国有大型金融企业目前急需具有国际视野和跨文化、跨国境工作能力的金融企业家，急需熟悉金融科技和数字化转型的金融企业家，但偏低、缺乏足够竞争力的薪酬水平，抵消了国有大型金融企业在职业平台、业务基础和社会声誉上具有的吸引力，导致其在新一轮人才竞争中处于极为不利的位置。

德勤还指出，国有大型金融企业的企业家与国内外同行之间过大的薪酬差距，也影响到境内外投资者对于国有大型金融企业的市场估值和公司治理的信心。六大行的董事长、行长和副行长每年的薪酬只有 60 万元左右，而经营管理的资产规模高达十几万亿元到几十万亿元，国外投资者觉得不可思议，担心高层管理者难以全身心地承担经营管理责任，更难以努力地去实现企业最佳的效益。中国六大行的市场估值一直处于较低的水平，应当说与投资者的担忧不无关系。

所以说，相比于其承担的责任和创造的价值，以及比照同行业其他类型的企业领导人的情况，央企、国企领导人的物质待遇是比较低的。如果宁高宁所说的“受欺负”和“弱势”指的是这个意义，我认为是持之有据的。

价值认定中的难题

我在 10 年前就写过《为国有企业家的价值说几句话》一文，我认为国企并不都是靠政府扶持、给予特殊政策及垄断行业而存在的，凡是在充分竞争的市场上具有自生能力的国有企业，其领导人也应被视为企业家，即使带有一定垄断性质的国企，也不能完全忽视其领导人的企业家才能，因为在考核压力和对标国际企业的压力下，他们也存在不断创新的需要。对这些国有企业家的人力资本价值，应该正视。

我在当时提出的建议包括：在国有企业家的选用、考评、激励上，进一步“去官员化”，遵循市场逻辑，从以政府部门评价为主转向以董事会评价为主；董事会可聘请专门委员会，客观评价国企在市场上的竞争强度和国企领导人的个人作用，以判别国企领导人是更像企业家还是更像官员，以此作为对其人力资本价值进行评估的基础；增大对国企领导人工作的长期激励；对具备企业家精神的国企领导人，可以延长其退休时间，或使其担任公司名誉董事长或顾问，延伸人力资本价值；等等。

但我的想法也会遭遇很多挑战。

比如，如何定义充分竞争。不少领域先天就不是充分竞争行业，或者实际上可以充分竞争但被人为定义成不能竞争。这种情况下，怎么评价国企领导人的贡献呢？实际情况往往是，赚了大钱也不是领导人的能耐（如烟草），亏了大钱也不是领导人的问题（如石油），也有补贴兜底。所以很难评价。

又如，一些行业是竞争性的，但基本要素配置又要受非市场化因素影响，如何精确把握国企领导人的价值？是谁做都能挣钱，还是有我没我不一样？前中信银行行长朱小黄的研究指出，银行盈利远远超过社会平均利润，2019 年前三季度商业银行净利润达到 1.65 万亿元，其中 5 家大型商业银行利润达到 8824 亿元，约占全行业一半。而这 1.65 万亿元中，利息收入占比超过 76%。靠息差挣钱，和靠中间收入挣钱，这对行长的要求是完全不一样的。

改革的重点在哪里

如果从 1978 年国企开始从“扩权让利”“两权分离”角度摸索改革之路，1979 年 7 月国务院发布《关于扩大国营工业企业经营管理自主权的若干规定》等文件、在首钢等 8 家企业进行扩大自主权试点算起，国企改革已有 40 多年。仍在改，不知何时方始休。

但从整个经济来看，也无须对国企改革这一命题过于忧虑。事实上，从 1978 年公有制几乎一统江山到今天多元经济主体共同发展，变革已经发生，市场化进程深刻地改变了经济成分的结构，也影响着所有经济主体的思想和行动。更充分的竞争，更高的效率，更有效的激励，这一大趋势浩浩荡荡，不能也不应动摇。

2020 年 BrandZ 评选的世界最有价值的 100 个品牌，中国有 17 个。这中间有工商银行、建设银行、中国银行、农业银行和中国移动 5 个“国家队”成员，有贵州茅台这样的地方支柱国企，也有 20 世纪 80 年代诞生的海尔、华为、平安 3 家非国有企业，还有世纪之交诞生的 BAT，以及新世纪诞生的京东、美团、小米、滴滴、抖音。这一结果告诉我们，中国经济的骨干有国有企业，更有企业家的企业——它们从国企看不上、看不到的小小地方出发，灿烂盛开，服务国民。

基于诸多优势，如能从民企的机制、活力、文化中有所汲取和借鉴，国企将为中国经济和社会做出更大贡献。如果国企一直在市场化和政策化、独立化和附属化之间拉扯，那也很难摆脱改革徘徊不定、走走停停的命运。

把国企合并起来做大，不是真正的改革，或者说，改革的重点不在这里。现在大型国企合并无须经过反垄断审查的法律程序，这与经济法治化的逻辑也不一致。

那么国企改革的重点在哪里呢？

有人说是开放。中央多次说过，在金融、石油、电力、铁路、电信、资源开发、公用事业等领域，向非国有资本推出一批投资项目。即使是需要国有控制的领域，能不能像当初搞特区一样，放出一小块地方，让民企、外企也进去试一试？看看有没有更高效地服务消费者、造福国民的可能性？

有人说是公平。给国企和非国企真正平等的地位和权利。政府行为对市场竞争的影响应该是中性的，就是说不给任何市场参与者带来“不当竞争优势”（undue competitive advantage）。

有人说是“管资本”。从管具体的人财物到以管资本为主，可以考虑使那些主业处于充分竞争行业和领域的商业类国有企业转型为国家参股企业，把一部分国有股权委托给专业机构持有和管理，并按“花钱买服务”的原则建立一套国企非商业职能的管理制度。

从宁高宁的“国企弱势说”，我想到的是激励。要激发国企领导人的内生动力和创新活力，需要有更好的激励。什么样的体制、机制和文化（如探索容错的包容性）能对国企领导人形成长期化、发自内心的正向激励？应该积极探索。

这样的答案只能是：更加市场化的体制、机制和文化。

也许探索起来会有这样那样的困难阻碍，但对市场化的方向，还是应该明确和坚持。

2020年10月4日

每个企业都该有一张“负面清单”

一

2017年,海信集团研发中心从青岛市市南区江西路11号迁往位于崂山区的新研发园区。此前一年间,围绕江西路11号这块黄金宝地的用途,海信内部有过几次讨论。有人算了一笔账,如果拿来开发房地产,预计有十几亿元收益。

海信董事长周厚健一锤定音:“决不能做房地产。”

两年多后,一座以“科学和自然探索”为主题的科学探索中心在这里落成,向社会开放。在1.3万平方米的体验空间里,孩子们可以体会生命从哪里来,可以通过互动实验感受莫比乌斯带、伯努利原理、牛顿摆和风力发电,可以摸到真实的挖掘机、消防机、收割机,甚至可以到驾驶室里操作,通过观察车辆纹路中花纹的区别,来寻找摩擦力和重力的奥秘……

青岛的网红打卡地中，海信科学探索中心的排名有时会超越一些老牌景点。

2020 年 7 月拜访周厚健时，他说到这件事："地的市场价值确实很高，但我脑子里从未动过做房地产的念头。因为青岛市政府在崂山区帮海信弄了一块很大、很好的研发用地，希望我们好好做研发，而不是掉进钱眼里。

"更重要的是，从海信几十年的发展中，我深刻地知道技术的重要性。技术创新的前提是好奇心。爱因斯坦说过，'我没有特别的天才，我只有强烈的好奇心'。成功源自好奇心，好奇心源自对大自然和科学技术的兴趣。所以我们的团队走遍全球知名的科学博物馆，借鉴学习，最后建成了这个探索中心，希望从科普的角度唤起大家的好奇心。

"我们放弃了十几亿元的收益，但我们为青岛创造的价值更高。有些价值不是用钱能计算的。"

二

2010 年，中国大陆一共生产了 1.18 亿台电视机，其中 1 亿台为平板电视。

平板电视的核心器件是显示芯片、显示屏及模组，95％以上要进口，一年要花大约 2600 亿元。显示屏是当时中国继石油、铁矿石、集成电路后的第四大进口材料。时任工信部领导的苗圩说，中国显示产业的关键问题是"缺芯少屏"。

"芯是芯片，屏是面板。面板过去主要由日韩企业主导，特别是三星优势很大。面板工业是‘吃钱的老虎’，高投入，重资产，技术和工艺复杂，风险很大。2001 年，大陆面板厂商的面板出货量只占大陆整个彩电生产量的 2%，但是到 2019 年已经占 71%，‘少屏’的历史被改写。现在全球面板产业已经由中国来主导。

“10 年前一台 42 英寸液晶电视的销售价最少在 5000 元以上，现在在 1000 元以内。这就是 TCL 华星光电等中国显示企业崛起、让面板价格大大降低的结果。”

2020 年 9 月中旬，我在深圳的 TCL 华星光电参观，华星光电高级副总裁赵军这样介绍。

TCL 华星光电和京东方，被誉为中国面板工业的双雄。

2009 年，在深圳市政府的大力支持下，TCL 华星光电成立，TCL 从终端产品进入半导体显示领域。目前，TCL 华星光电已建和在建的生产线共 6 条，合计投资金额近 2000 亿元。2020 年 8 月，三星 8.5 代液晶面板生产线被 TCL 华星光电收购，这标志着大陆面板产业用十几年时间完成了逆袭。

从 2013 年起，TCL 集团开始从房地产领域退出，当年 12 月将旗下的惠州 TCL 房地产开发公司 70%的股权转让给香港花样年集团。转让后，TCL 的主营业务为 TCL 多媒体、TCL 通讯、TCL 华星光电、家电集团通力电子、部品及材料、销售及物流 6 块业务，房地产不在其中。

2018 年，TCL 修订公司章程，经营范围干脆剔除了“在合法取得的土地上进行房地产开发经营”这一项，彻底去房地产化。

李东生说：“我当然知道靠着工业投资可以到一些地方拿配套房地产用地，我也知道房地产有发展前景，但术业有专攻，一个企业还是要专注于自己有优势的领域才可能成功，所以我们卖掉了房地产业务。

“做工业很苦，回报也不是很高，而且要一直不断地投资下去，很难变现。但我就是喜欢，我这一辈子就干电子工业和半导体显示工业。”

李东生和周厚健都出生于1957年，在大学都学无线电，1982年毕业后进入企业，至今39年，专心做一事，一事做一生。

三

除了李东生和周厚健，我曾经采访过的多位企业家，他们都对房地产不感兴趣。

万华化学集团(以下简称“万华”)在20世纪末开始进行精干主业、剥离辅助的改革时，就定下“决不偏离化学领域，永远聚焦主业”的规矩。万华成功后，有人建议万华搞房地产，盖一座烟台市的最高楼作为地标，该建议最终因和规矩相悖流产。万华对搞金融也没有兴趣。

福耀玻璃的曹德旺多次发声，不应该再将房价“高高捧起”，福耀玻璃绝对不碰房地产。他说：“中国要与其他发达国家竞争，必须解决房地产的问题，降低成本。实体经济的强大才是最强大的竞争力，这只有搞好科技和科研，搞好制造业。”

格力电器的董明珠说：“一个企业想赚大钱，应该搞房地产，格力没去做房地产业务，而是选择最艰难、最慢的道路。这条路利润最低，但走得最稳。真正强大的企业，并不是没有足够的能力和资金去做房地产，而是不屑于做房地产。”

科大讯飞董事长刘庆峰2018年接受采访时说，有传言说科大讯飞打着AI的旗号做房地产，幸好我们这么多年真的没做过，不是说房地产不好，而是科大讯飞要坚持主业，在自己的核心赛道上前进。“我们在全国，除了安徽总部之外，只拿了两块地，一块是2012年在天津的30亩地，用作研发楼，一块是2014年在广州，只有6亩。不仅科大讯飞没做房地产，我们的分/子公司也从来没做过房地产。”

华为的任正非更是经常“炮轰”房地产价格太高。2016年他在接受新华社采访时说，深圳房地产太多了，没有大块的工业用地了，生产成本太高工业就发展不起来。记者还问他华为为什么不上市，他说：“守住‘上甘岭’是很难的，如果上市，股东们看着股市那儿可以赚几十亿元、几百亿元，逼我们横向发展，我们就攻不进‘无人区’了。”

四

房地产是非常重要的行业，关系到民生福祉，1998年后也被看作“新的经济增长点”和支柱产业，带动性强，堪称“百业之母”。

但为什么在社会认知中房地产商的形象远远赶不上工业家，很多工业家还把房地产列入“负面清单”？

除了房价上涨过快的因素，我觉得海南省委书记沈晓明2019年在企业家咨询会议上说的一番话颇有道理。他说，房地产是一个好东西，能带动建筑、消费、家用电器等产业的发展，但房地产就是卖地，没有技术含量，不需要技术含量，谁都可以做，“如果不加以限制，大家都会去做房地产，对房地产的依赖会越来越大，而我们没有那么多土地可以消耗”。

工业家不喜欢房地产，则是因其是做工业的扰动因素。

日本“经营之神”、创造过 3 个世界 500 强的稻盛和夫曾有这样一段经历。有一次，一位银行高管来拜访他，说两年前房地产开始升值，大家都在购买土地，转卖获利：“贵公司把利润放在我们银行，我们非常感谢，但这个社会流行借钱买地，贵公司想借款，不管多少我们都愿意借，不动产可以保值升值！”稻盛和夫回答：“我的理念是，只有自己额头流汗，辛勤工作赚来的钱才是利润。”

当房地产泡沫破裂，很多公司因为乱投资倒闭时，媒体问稻盛和夫为何有先见之明，他说：“我没你们说的那种先见之明，我只是不喜欢投机获利，我不喜欢靠转卖房地产赚钱，如此而已。”

稻盛和夫主张“水库式经营”，这是他向松下幸之助学到的，就是不要动不动就向银行贷款，而要提高储水能力，也就是自有资本的比例。松下幸之助说，一旦下大雨，未建水库的河流就会发大水、产生洪涝灾害，持续日晒，河流就会干涸，所以要建水库蓄水并始终保持一定的水量，使水量不受天气和环境的左右。“经营方面也一样，景气时更要为不景气时做好储备，应该保留一定的后备力量。”

在中国，聪明的房地产商不是不知道建水库的重要性，而是把各家银行当成了自己的水库。银行也乐意扮演源源不断供水的水库角色，因为房地产是不断升值的优质资产。水大鱼大，水涨船高，造就了罕有其匹的房地产金融奇观。

其实规划和建筑都是有技术含量的，我们身边的很多建筑物都是城市形象的载体。但中国房地产商给人的印象并非靠技术立足，主要是靠“圈地＋融资”。这么多年来，中国绝大部分地方的绝大部分房地产项目都在升值，但能让消费者从住的角度真正满意的、有技术和质量保证的房子则少之又少。

在一定程度上,中国金融是银行主导的,银行贷款是抵押品主导的,而房地产是银行最喜欢的抵押品,于是房价成了中国金融乃至中国经济的稳定之锚!

与此同时,土地出让金以及和房地产相关的税费已是维持地方财政运转的关键,在很多城市都占地方财政收入的一半以上,多则占到百分之七八十。2019 年,中国国有土地使用权出让收入"破 7 奔 8",达 7.7914 万亿元,房地产企业所得税、个人所得税、印花税、住宅房产税(试点)、城市维护建设税、教育费附加等 11 项税收大致在 3 万亿元以上。可以说,房地产也是地方财政稳定运转之锚!

无论说"房地产绑架了中国经济",还是说"房地产支撑了中国经济",现实就是房地产必须稳定发展。如果谁想对房地产的过分金融化进行"拆弹",说不定还没炸到开发商,就先把银行和财政给炸了。也许是吃准了这一点,多年来,尽管不断有政策调控,不少房地产商仍以强悍的进取心,无所畏惧地持续加杠杆!

五

不过也不要以为"借债越多越安全""借少是孙子,借多是爷""大而不能倒",就可以一直延续下去。

毕竟,房价繁荣的负面代价也很大。尤其是当中国面对"卡脖子"困难的时候,还是需要工业家、科学家、广大年轻一代技术人员去突破,这个时候指望不上房地产商。

我从不认为房价的非理性高企都是开发商的责任,但我希望提醒开发商,靠拼命加杠杆扩张、打来打去都是打土地和银行的主意、把做大当成第一目标的增长方式不会再有效了。因为国家和老百姓都不认可。哪怕你的规模大得惊人。

过去几年，中国不是有好几家世界500强都掉下来了吗？华信、安邦已烟消云散，海航也在艰难瘦身（海航已于2021年10月宣布破产重整——编者注）。用过度激进的手段建非凡之功，其根本思维，大体还是一个“赌”字，而“赌”是无法永远有胜算的。

中国是大国，有超级大市场，所以在中国把规模做到前几位就可能成为世界500强。但今天中国更需要的是“真正的强”，不是规模的大，是“不能没有你”的核心竞争力。

我们看到，一些面积小、人口少的小国，却拥有世界级的大企。

2020年世界500强，有14家瑞士公司，13家荷兰公司。瑞士的面积只有重庆的一半，人口不到成都的一半，但瑞士有雀巢、罗氏、诺华、ABB这样的500强，还有许多高精尖的制造业细分领域的领导者。世界十大名表除了法国的卡地亚全都是瑞士品牌。荷兰人口只有1740万，但拥有皇家壳牌石油、飞利浦、联合利华这类大企业，也有ASML（阿斯麦）、恩智浦这样影响全球半导体产业格局的重要企业，以及Exact（戴夫特）这样的全球性信息服务软件企业。

中国某个房地产企业出了问题，全世界无感。而如果罗氏、诺华、ABB、ASML、恩智浦出了问题，其所在行业会引发世界性巨震。这是因为它们专注生产性创新，创造了不可替代的企业的价值，而这是需要专心致志、惟精惟一、经年累月，用真知和创新去实现的。

财富骄人不是中国的未来，有大量高水平的生产性的价值创新，中国才有未来。

不择手段征服市场也不是真本事，征服世界远不如造福世界更让人尊重。

对广大的中国年轻人来说，他们习惯的企业家形象是斯斯文文的马化腾、有点羞涩的张一鸣、博览群书的王兴、低调无比的汪涛。再有钱的房地产商、再奢华的生活方式也激不起他们的兴趣,相反只能让他们反感。

这是一个青睐创新企业家的时代,而不是追逐富豪榜的时代。

六

吉姆·柯林斯在《从优秀到卓越》一书中说:“看看你的办公桌,如果你也是一位进取心很强的领导者,想必也有一份清晰的 to-do list(任务列表)。而你的 stop-doing list(不做清单)呢?”

“对那些成功打造卓越公司的人而言,stop-doing list 与 to-do list 的作用相当。”他强调,企业要专注在核心业务上,忽视或消除那些造成干扰的业务或投资机会,企业要有不做什么的“负面清单”。

彼得·德鲁克说,很多公司想要实现的东西太多了,公司的选择性越强(而不是选择面越宽)就越有效率(A business is more effective when it is more selective)。

德鲁克为此提出“有目的的放弃”(purposeful abandonment),“要想发展,公司就必须有一个摆脱干扰物的系统的政策”。

前两年,因为段永平在斯坦福大学的一次对话,stop-doing list 成为热词。段永平说,stop-doing list 就是你要清楚地知道什么是错误的事情,然后避免去做那些错误的事情。大多数人不是判断不了对错,而是明知是错的还要去做,经不住短期诱惑,这样就离我们想要的世界越来越远了。

他还说,“做对的事情”胜过“把事情做对”,并且做“对且长期对”的事情更有价值,只有事情是对的,长期做才会有积累。同时,

“做对的事情”还远远不够，还要反过来，就是“不做错的事情”，如果发现错了，就一定要停止、一定要改变。

只有冒险的企业家精神是不够的，企业家还需要理性，有长期主义、专业主义的追求，有效地治理公司和建设团队。

中国富豪需要拥抱谦卑主义的市场经济，内心真正有所敬畏。这就需要明了，什么东西是不要去做的，或者是必须有所节制的。

罗马教皇曾问雕塑家米开朗基罗如何雕刻出完美的大卫像。米开朗基罗说：“我只是剔除了所有不属于大卫的部分。”

每个企业都需要明白自己心中的“大卫”是什么和在哪里。

为了“大卫”，任何企业和企业家一定要有所放弃。

2020 年 9 月 27 日

中国的脖子，生来不是为了让别人去卡的

穿皮鞋的难题

今天的中国正面对着“芯片难”。

1978 年，改革开放的帷幕拉开之时，中国的产业有千难万难。

让全国人民穿上皮鞋，就是一大难题。

为解决这一难题，国务院同意从日本引进年产 300 万平方米的聚氨酯合成革生产线。设备投资加公用工程投资，总概算 4.6235 亿元，相当于 1978 年中国财政收入的 4%。

当时国务院主管工业的副总理是李先念。他在文件上批示，“应当把它作为重点建设项目，因为人们太需要了”，“望快点谈成为好”。

在轻工业部部署下，这一“六五”期间的国家重点建设项目落地

山东烟台。烟台合成革厂因此而生。

7000名建设者从全国各地汇聚而来，在砂石遍布的芝罘湾畔，会战5年。春秋天被沙尘迷得睁不开眼，冬天风雪交加，馒头晚一点吃就冻成硬块，要放到棉袄里暖一暖再吃。

1983年8月，项目建成，此后10年累计生产了2亿双合成革皮鞋的原料，占全国皮鞋原料的1/4。

烟台合成革厂即万华的前身。

不知其所以然

万华从日本引进的设备中，有一套年产1万吨MDI的生产设备。

MDI是生产聚氨酯的主要原料。聚氨酯，则被广泛应用于建筑保温、轻工纺织、汽车家电、军工航天、表面材料等诸多领域。

MDI的生产制备技术，20世纪30年代发源于德国，“二战”后被英美获得，70年代被转让到日本。世界上掌控这一技术的是4家欧美企业，即德国的巴斯夫、拜耳（其MDI板块后更名为“科思创”），美国的陶氏化学和亨斯迈。日本的两家MDI生产商，日本聚氨酯工业公司和三井化学，其技术是从欧美引进的。

万华从日本引进的MDI设备，是日本从欧洲引进的二手设备。日本的授权许可协议相当于“交钥匙工程”，即日方提供设备，建MDI工厂，日方转让生产许可证和操作规程。但不转让核心技术，也不承诺会提供更多运营支持。

也就是说，你可以生产产品，但不知其所以然。转让合同还规定：万华10年内不得在国际市场上销售MDI产品。“中国人靠自己的力量是搞不出 MDI 的。”这是一位西方技术权威在 20 世纪 80 年代的判断。

万华的 MDI 之路，就从这里开始。

不知不觉中形成的基因

1983 年 8 月 1 日，万华 MDI 生产线开始投料试车。

谁也想不到，装置的运转极不稳定，经常出现物料堵塞、泄漏，一个月动不动就要停车三四次。每次停车最少要抢修 3 天，MDI 车间的员工轮班抢修，技术工程师连着几个通宵不能回家。维修时，两三个人合成一组，站在 20 多米高的框架上，用蒸汽融化管线，一站就是几个小时。清罐时，罐内高温，物料混杂，要举着高压水枪冲，出罐后，脸上常常被物料烧出水泡。由于没有专业工具，还要经常用扳手、铁锹、自制螺纹钢疏通管线，非常危险。

之所以如此窘迫，是因为光引进设备不引进技术，无法真正掌握生产诀窍。洋专家在时，一切顺利，他们一走，设备就不灵了，运转异常艰难，每年只能勉强生产几千吨 MDI，远远达不到 1 万吨的年产能。

万华现任董事长廖增太 1983 年从华东理工大学毕业加入万华，在 MDI 车间当技术员。他说：“MDI 生产线 1983 年投产，10 年不达产，开开停停，隔一段时间就要几天几夜泡在现场处理问题，有时简直让人绝望。如果换原装配件，来来回回要 3 个月，只好自己想办法弄配件。困了就在办公桌上眯一阵，饿了就是馒头加咸菜。处境如此艰难，所以 400 名 MDI 车间的员工没有时间搞‘办公室政治’，也来不得半点虚头巴脑，所有人想的就是怎样让设备开的时间长一些、开得正常一些，出了问题就赶快去修。”

团队制胜的文化，坚韧不拔的意志，无私奉献的精神，实事求是的作风，就这样在不知不觉中成了万华的基因。

真火就是吹不灭、浇不透的火

20 世纪 80 年代后期，皮鞋、服装、冰箱的消费需求猛长，MDI 市场也井喷式爆发。

万华 MDI 工厂的产能完全满足不了市场需求，中国 MDI 市场的大部分份额被跨国公司占据。

1988 年，烟台市长俞正声对万华掌门人刘永祯说：“你们的 MDI 是个好产品，是冰箱的保温材料，以后家家户户都会有冰箱，需求很大，你们要把生产能力扩大。”

刘永祯说：“市长，不行啊，扩大不了，现在 1 万吨的产能只能开到 5000 吨，技术掌握不了，车老是坏，为什么坏也弄不清。”

俞正声说：“那你们干脆买一部‘新车’吧，到国外引进新技术。”

万华找到日本的公司，希望再次引进。对方表示，新建装置不可能，只能考虑转让技术，帮万华把产能提高到 1.2 万吨，并开出了天价的技术转让费。

1988 年年底，万华抽出 22 个人，成立二期工程 MDI 技术引进小组，把目光转向欧美企业，希望引进 MDI 生产线。

他们在北京专门租了房子，调动各种关系，和几家欧美企业一家家去谈。中国市场的前景已然呈现，欧美企业也想更深地进入中国。

1990 年，一家外企表示，你们要买技术可以，但我们要对你们负责,我们先要搞清楚中国 MDI 市场未来到底有多大潜力,否则你们买了技术,生产出来可能卖不掉,花的钱会打水漂。

万华觉得“外国友人太好了”,立即组织了 80 多个人,花了 9 个月时间跑遍大江南北,至 1990 年年底拿出厚厚一叠 A4 纸的报告。此后,外企不断提出新的调研要求,万华有求必应,一一补充,最终形成了一份非常完善的报告。

1992 年年初,让万华做调查的外企人员说:“我们不卖技术了,自己在中国建厂”。

“高科技原来是买不来的。太刻骨铭心了! 就像投入了无数心血谈恋爱、约会、吃饭,他有时还跟你拉拉手,暧昧一下,你满腔热情谈了 4 年,全身心投入,4 年就干了这一件事,最后竟是如此!”回首往事,参与了谈判全过程的廖增太依然感慨万千。

22 人的引进小组解散,18 个人陆续离开万华,4 个人留下,其中两人是专门搞 MDI 的,一个叫丁建生,一个就是廖增太。后来,他们先后成为万华董事长。

1993 年,MDI 车间总工程师丁建生提出,要自主研发 MDI 技术。很多人认为他头脑发热,连总厂研究所也反对。

丁建生说:“如果想都不敢想,那你永远不会成功!”

廖增太说:“很多人都知道创新的重要性。万华的创新之火是在和外企进行了 4 年谈判、最后以屈辱告终后点燃的。如果你经历过那 4 年,就知道被别人卡住脖子是什么滋味。有这样的经历,再燃起的自主创新之火,就是真火。真火就是吹不灭、浇不透的火。”

改革是创新的前提

万华做皮鞋原料时，还是计划经济的模式：轻工业部拨原料、下指标、给资金、发工资，万华生产，再由轻工业部统一调配产品。

很快，市场经济大潮涌动，外企产品不断涌入，民营合成革企业也迅速崛起。“皇帝女儿不愁嫁”的万华，“门前冷落鞍马稀”。万华的 MDI 每吨生产成本 11000 元，售价只有七八千元，严重倒挂，产品大量积压，连篮球场都堆满了。而外企的产品，不仅质量好，售价比万华的成本还低，仍有钱赚。

更要命的是，万华是轻工业部直属的厅级单位，处级干部就有 100 多人，机构臃肿，效率低下。没有市场竞争的日子很太平，但“大锅饭”“铁饭碗”思想也根深蒂固，干与不干一个样，干多干少一个样，干好干坏一个样。

“企业眼看着往死里作。”丁建生说。

1994 年 11 月，国务院决定在全国选取 100 家具有代表性的国有大中型企业，进行现代企业制度试点改革。1995 年，万华成为试点，从工厂制改为公司制，成立了烟台万华合成革集团有限公司。

工厂是负责生产的，公司则要面对市场和客户。但万华的公司制改革收效并不大，因为只改了名，没有改“铁饭碗”思想和“大锅饭”分配体制。从 1996 年到 1998 年，万华又连续亏损了 3 年，机关人员只能发 60%的工资，一线员工发 70%的工资，人才也大量流失。当时工人月收入为 300 元左右，廖增太是副厂长，月薪为 600 元左右。

万华走到濒临破产的边缘。

改革从来都是逼上梁山，置之死地而后生的。不出真招硬招，没有希望。

万华新的改革方向，是通过股份制改造，倒逼观念与机制的转变。

1998年12月，万华以集团下属的MDI分厂为主，联合4家外部公司，成立了烟台万华聚氨酯股份有限公司。新公司配备了以年轻干部为主体、有创新精神的管理班子；集团把人权、财权、经营权下放到新公司，不干预新公司的经营管理；新公司可以将利润增量部分的20%，用于增加员工工资。

这是万华改革创新的新载体。丁建生出任新公司总经理。

新公司的第一项改革是改革原材料的供应。当时万华的原料采购价比市场价高出很多，1999年年初，公司顶住压力推出原料采购"比价管理"，当年节约开支750多万元，相当于年利润的50%。

第二项改革更敏感，涉及面更广，即人事和薪酬制度改革。全员先下岗，再竞聘上岗，强行淘汰15%的人员；打破大锅饭，按能力和贡献调整工资和奖金分配办法。这一次改革压力更大。但因为"不改就是死"，所以大家很配合，也改成了。

2001年，烟台万华聚氨酯股份有限公司在上交所成功上市。2013年更名为万华化学。2018年上市公司反向收购集团资产，整体上市。

新公司展翅而飞，万华下属的其他业务和后勤辅助单位仍亏损严重。万华决定"剥离辅助，精干主业"，对化工主业外的其他单位进行民营化改制。到2006年，20多个分厂、辅助车间、后勤部门等陆续完成改制。

改制是残酷的。"工龄30年或50周岁以上的男员工、42周岁以上的女员工，厂内退养”，6800 人的万华有 4000 人下岗分流，机关人员从 700 多人精简到 70 多人，领导干部 55 岁办理厂内退养，71 名干部从管理岗位退下，100 多个处级干部 90% 内退。其间的矛盾、不解、愤懑，可想而知。

为了万华活下来，太多人付出了代价。

2006 年，万华开始实行员工激励改革，让骨干员工持股。员工持股，是万华技术创新和技术保密的重要制度保障。

万华的员工持股，是通过两个持股平台进行的。目前万华化学第一大股东是烟台国资，占 21.5%，员工持有 20.6%，此外是外资（2008 年引进）以及社会公众股。

在万华的员工持股平台上，员工股并非“实股”，而是类似华为的“虚拟受限股”，员工享有的是分红权。如果完全落实给个人，股权一卖，就很难再有激励作用，而且也无法通过股权的动态调整，激励后来者。

创新何以成功

今天，万华是一家全球化运营的化工新材料公司，也早已是全球规模最大、技术领先的 MDI 生产商。

改革是创新的前提，而创新能成功，也有一个客观背景，就是化工工业和机械工业等一样，是相对成熟的产业，不像半导体产业那么日新月异。化学工业从知识、技术、设备等角度看，已经充分扩散了。它有点像造车，可以从外面组合各种资源，不用全靠自己创造。

中国与世界其他国家在化工领域的差距主要是两方面：一是对外企开发的很多新材料，能化验出其成分，但做不出来，不知其所以然;二是在制备和工艺方面还有距离。

但这些差距不是不可缩短的,关键是要有勇气去试,去探索,去创新。化学工业的创新有较长的时间周期,一年破题,两年有点味道,三五年基本有眉目,10 年方能大成,所以要有足够的耐心和投入。

现在我们回到 1993—1994 年,万华决心自主研发 MDI 技术的时候。

技术突围,没有人才不行,必须有一支科研队伍。当时万华的工资吸引不了硕士、博士,于是采取了委托国内高校定向培养的方式,培养一个人万华出 3 万元,就这样建起了一支 10 人的科研小组。

1995 年,第一个硕士到万华上班。

丁建生、廖增太等人和团队一起,摸索日本的设备到底是如何运行的。他们在管道、阀门、温度传感器以及投料比例之间苦苦探求,反复拆装零部件,拆了装,装了拆,整整半年,对几十万个零部件了如指掌。由于中国的机械制造有一定水平,上海、长沙等地的重工设备厂也能造出相关的磨具。关键问题是工艺流程和其中的化学反应问题。丁建生想到了母校青岛科技大学,在母校的大力支持下,万华人用计算机做模拟实验,慢慢掌握了部分技术诀窍。

通过运用制造工艺技术软件包,万华让已经老化、快报废的1 万吨 MDI 装置重现“青春活力”,具备了年产 1.5 万吨的潜能。1996 年 3 月 8 日,丁建生决定把变频开到最大,将参数提高 150%～200%,1.5 万吨 MDI 设备试产一次成功。

此后两年,万华又和国内高校联合攻关,经上万次实验,先后攻克了缩合反应、光气化反应、分离精制三大关键技术,完整地掌握了 MDI 技术。

但创新从来无坦途。

1998 年，万华刚买了一个填料塔，大家都没见过，为弄清里面的构造，只好把分布器拆开，用水做实验，通过水流的走向了解塔的构造。冬天在现场做连续精馏，一直不顺利，从昼到夜，寒风刺骨，大家的心里更冷。“我们连这么简单的技术问题都解决不了，还谈什么核心技术攻关?”

只有坚持，用十年磨一剑的精神坚持。

HDI(六亚甲基二异氰酸酯)是万华的高端产品之一，用于飞机、高铁涂层等。1999 年，万华决定着手研发，从全公司抽调技术骨干组建研发团队，在实验室忙活了一年，连 HDI 的影子都没看到，实在干不下去，解散了。

第一支队伍解散，万华组建了第二支队伍继续研发。4 年后终于出了成果。课题组组长被送到德国培训，结果德国人看中了他，受训 3 个月回来说要辞职。“家里多次开会，万华给我 4 万元年薪，跨国公司开了 4 万美元，还是离开吧。”第二支队伍又散了。

第三支队伍接着组建起来。“就是把牙崩坏了，也要啃下 HDI 这块硬骨头!”

到 2015 年，万华 HDI 工业化装置终于实现了稳定生产。目前万华在 HDI 领域排名世界第二，世界上一共只有 5 家企业能生产 HDI，万华有望用 3 年左右的时间成为第一。

人才因何会聚

1998 年万华股改后，有了独立和完善的法人治理结构。管理层可以按照生产力发展的要求，按照人性的规律、市场的规律、科学的规律，进行决策。

1999 年 5 月，万华出台《技术创新奖励办法》，规定将技术创新的新产品，自盈利之日起连续 5 年净利润的 15%奖励给个人，将技术改造当年所产生盈利的 20%～30%奖励给个人。

当年 11 月，一项技术改造成果产生了经济效益，按《奖励办法》要发放 92 万元总奖金，而当时职工平均月工资不到 500 元。国企拿这么多钱奖给相关的个人，还是很少见的。

经过一个月的思考与反复讨论，管理层最终达成一致意见：如果不奖励，《奖励办法》就是一张废纸，研发人员的积极性也调动不起来。所以一定要奖，但高管一分钱不拿，全部奖给一线的 10 位研发人员。

拿到最多的是一位姓孙的老工程师，他拿了 21 万元回家。他老婆吓坏了，两口子干了 30 多年也没挣这么多。老婆忐忑地给管科研的廖增太打电话。

“老孙哪来这么多钱？”

“公司奖励的。”

“不犯错误吗？”

“不犯错误。”

“能存银行吗？”

“为什么不能？”

“今后家务活我全包了，老孙只管上班好好工作就行！”

万华用制度重奖人才，声名鹊起，陆续吸引了一批优秀人才。

1999 年 8 月，万华招聘到第一个博士，他姓杨，年薪 8 万元。当时总经理丁建生年薪只有 1.44 万元，副总经理廖增太年薪 1.2 万元，工人工资一年才 5000 多元。4 个月后，博士说要辞职，因为工人在背后指指点点，叫他“杨八万”。

廖增太说："杨博士你不要走，今年公司技术进步很快，效益很好，明年1月会给全体员工工资翻番，到时他们就不说了。"结果果真如此。

创新的失败概率很高。在这方面，万华的政策是"鼓励创新，宽容失败"。失败时管理层主动承担责任，科研人员从失败中吸取教训，继续向前。

目前，万华拥有科研人员2700多名，其中110人拥有博士学位，800余人拥有硕士学位。公司有各类高层次技术人才150余人，建有全球研发基地6个、院士工作站2个、国家重点实验室5个。

万华对员工不只是激励，还有很多保障。万华公司章程明确规定，凡是涉及职工利益的重大问题，未经职代会通过的方案不出台，未经职代会讨论通过的大事不拍板。公司设立了"咖啡时间"，每月由集团高管主持，与随机抽取的10名一线职工一起喝咖啡、聊家常，听取对方提的意见和建议，能解决的马上解决，不能马上解决的制订整改方案，明确整改措施。

万华的员工工资，从大学毕业生到科研人员不低于一线城市的水平；万华为员工提供最高20万元、最长12年的免息购房贷款；为技师设置特殊津贴；实施"蓝金领工程"，搭建一线工人成长平台。

2019年，万华实现营业收入680亿元，归属于上市公司股东的净利润101亿元，研发投入为17亿元。

关于万华的启示

2020年8月初，我到万华调研，万华的故事如一曲跌宕起伏又滚滚向前的创新正气歌，给我很多启示。

1. 通过不遗余力的改革，加上矢志不渝的创新，中国企业完全可以突破跨国公司的技术屏障，并在竞争中不落下风，后来居上。

2. 无论改革还是创新，都是逼出来的。

3. 改革是创新的前提，创新是改革的成果。生产关系搞不好，生产力也无从发展。

4. 优良的组织文化是驱动企业持续发展的第一驱动力，比技术创新和卓越运营还重要。组织文化的建立，和组织建立之初的实践经验息息相关。

5. 只有建立符合中国国情的现代企业制度，建立真正的法人治理结构，企业才能始终健康成长。“一股独大”不可能有出路。只有信息透明，让利益相关方充分发表意见，贯彻民主集中制，公司才能走在阳光化的大道上。

6. 创新需要有效的激励机制，激励机制就是尊重人性的机制。

7. “为民做事、为国担当”的初心，上下同心、团队没有私心，这是在中国企业行之久远所需要的价值观。

万华这么多年，把企业发展与国家和民族的命运联系在一起，以等不起、慢不得的责任感瞄准全球一流，挑战世界顶尖。不搞房地产开发，不盖地标性高层建筑，下决心永不偏离化学领域，永远深耕化工主业，就是对实业报国的理解和坚守。也因此，万华得到了政府和社会各界的信任与支持。万华的百万吨乙烯项目，是中国第一个在七大石化基地之外建设的项目，也是山东第一个获批的百万吨乙烯项目。

没有家国情怀的企业，不可能成为伟大的企业。

万华的改革仍在路上。2016 年，万华总共撤销了 11 个职能部门中的 26 个模块(科室)，占机关模块总数的 1/3，一大批干部从管理岗位上下来，组织结构更加精干、扁平、高效。每一次改革都不可避免会得罪人，但为了长远发展，必须不怕得罪人，一路奔跑、一路警醒、一路改革。

万华的创新也在路上。对于高端化工新材料80％还依赖进口的中国来说，万华依然任重道远。

一段作为尾声的插曲

20世纪90年代初期给跨国公司做调研的万华高管，在多年之后和这家跨国公司的高管再次相遇，他们的对话是这样的：

“你们当初拿到报告时什么心情？”

“如获至宝。”

“为什么不把技术转让给我们？”

“除非我们日薄西山，否则绝不可能卖技术！”

这一次，是跨国公司希望和万华商谈合作，万华礼貌地回绝了。当年，万华人到外企的欧洲工厂考察，只能远远地看装置，稍稍靠近一点就被拦住，说是不能接触技术秘密。

跨国公司的高管很遗憾：“当时有机会收购万华，但我们没有，这是我们最大的失误。”

中国的脖子，生来不是为了让别人去卡的。

中国会艰辛而骄傲地发出自己的声音。

2020年8月23日

伟大是创造出来的、逼出来的，唯独不是口水里出来的

一

当我们习惯于日复一日的滚滚红尘，往往会低估已经发生的变化，以及变化的意义。

2020 年 5 月 27 日，我在深圳平安金融中心参加《无止之境：中国平安成长之路》的新书发布会，我是这本书的作者之一。站在这座深圳最高楼的第 117 层，可以清晰地看到香港，一点也不远。

30 多年前的这一天，平安在蛇口工业区招商路北六栋开业，共有 13 名员工，400 平方米办公面积。今天，仅这座平安金融中心的建筑面积就有 50 万平方米，是当初的 1000 多倍，每 7 个中国人就有一个是平安的客户。

2020 年是深圳经济特区成立 40 周年。1980 年 8 月，全国人大常委会颁布《广东省经济特区条例》，特区正式成立。此前的 1979 年 3 月，撤宝安县，设立深圳市。再往前两个月，招商局蛇口工业区成立，这是新中国第一个对外开放的工业区。依照时序，先有蛇口，后有深圳，再有特区。

作为中国的"改革试管"，蛇口敢为天下先，创出了一个个奇迹。在短短几百米的招商路这头，诞生了平安，那头，诞生了招行。平安脱胎于蛇口工业区社保公司，招行脱胎于蛇口工业区内部结算中心。

望着和宝安山水相连的香港，心里颇多感慨。2018 年深圳的 GDP 已经超过香港，2019 年广州的 GDP 和香港也只差 1600 亿元左右。而改革开放前，有太多广东人想方设法，走路、泅渡、坐船，为的是偷渡到香港。想当年，宝安县公安机关的主要任务之一是监视"三偷"：偷听敌台、偷窃集体财产、偷渡出境——有的农民借口去割草，划着小船就偷渡走了。

我在广州工作时，曾听"老广"说，二十世纪六七十年代的珠江，水很清，是个大泳场。不少市民游泳锻炼，心照不宣，就是想有朝一日游到香港。广州人借用象棋术语，把水路逃港称作"督卒"（拱卒），有去无回。虽然要冒极大风险，但就像卒子，一旦过河就可以横走，就有更大发展空间。

广东的逃港潮，历史上发生过多次。在某种意义上，在逃港最严重的深圳建立特区，是被逼出来的。长期的反偷渡，使中央和广东的领导人意识到，靠严防死守不可能有效遏制，只有靠开放，搞经济建设，让民众改变命运，看到实实在在的希望，他们才不会逃走。原广东省委书记吴南生曾说："在《特区条例》公布后的几天，最困扰着深圳——其实也是最困扰着社会主义中国的偷渡外逃现象,突然消失了!”

1979 年 5 月 14 日,主管对外经贸的国务院副总理谷牧到深圳视察,对逃港事件,他说,“多年来我们在沉睡状态,现在到了觉醒的时候了”,“现在往那边跑的多,将来一定是往我们这边来的多”。

谷牧 40 年前的预言,正成为不少香港人的选择,他们到内地发挥才干,也在内地置业安居。毕竟香港太局促了。2019 年在香港和金融圈的人聊天,有人说到四大会计师事务所 2000 年招聘新人的月薪是 1.38 万港币,现在是 1.4 万;某顶级投行 2000 年招聘新人的月薪是 2.8 万港币,现在是 2.4 万。大家感慨,房价涨了多少,盒饭涨了多少,工资却没有怎么涨,不少年轻人自然觉得无望。有家金融公司的 CEO 说,这些年,相比内地名校毕业生,香港本地学生的素质是下降的,“原来我们在香港只招本地人,现在也为内地优秀人才放开了空间,否则我们服务客户的能力会下降”。

很多当年想不到的变化,都在发生。我一直说,如果把城市作为产品,深圳是过去 40 年中国制造的世界样本。英国《经济学人》杂志曾评论,“全世界有超过 4000 个经济特区,头号成功典范就数深圳”。

改革开放前,没有人想象得到宝安县这块土地的潜力。宝安从陈陈相因的历史中走出,是被逼无奈,也是穷则思变。一旦找到了正确的方向,惊天之变、创新之美就只是早晚之事。

二

和朋友约在平安金融中心一楼商场见面，他们说："就在蔚来汽车门口吧。"这里有一家蔚来汽车的体验中心。

当特斯拉凭借品牌效应和技术积累在中国风生水起时，遭遇了颇多坎坷的蔚来并没有被击垮，2020 年 4 月蔚来交付了 3155 辆 ES8 和 ES6，比 3 月增长 105%。蔚来的车电分离、"可充、可换、可升级"的换电模式正被市场越来越充分地认可，因为它可以让用户持续享受电池技术发展的红利，在容量更大、性能更强的电池推出后轻松升级。同时，从长远看，换下来的电池可以回收用于储能中心的建设，形成新的商业模式。

我接触过不少蔚来车主，他们对蔚来的忠诚丝毫不受特斯拉的影响。不是被洗脑的盲从，而是他们在蔚来身上体验到一些更创新的模式、更贴心的服务，以及丰富得多的圈层活动。

蔚来体验中心的对面是一家喜茶店。我的朋友何伯权是喜茶的早期投资人，给我讲过喜茶的故事。我从来没有体验过，于是走过去看了几眼，还拍了一张门口的照片，上面写着"灵感之茶""中国制造"。

喜茶的创始人聂云宸是"90 后"，1991 年生，少时随父母从江西迁到广东江门。2008 年，他考进广东科学技术职业学院人文学院，2011 年毕业，在校的形象是一个成绩中等、乖巧、不爱出风头的学生。毕业后，他开过手机零售店，网购崛起后手机店销量锐减，街边的饮茶店进入了他的视野。他想做纯粹纯正的好茶，分享给顾客茶的真味，同时让茶饮年轻化，因为年轻人最爱喝饮品。

第一家喜茶店于 2012 年 5 月在江门市九中街开业，不到 15 平方米，当时还叫“皇茶”，因注册不了商标，后来被改为“喜茶”。

我对喜茶的兴趣在于，它不是港式的奶茶，也不是台湾的珍珠奶茶。在一个普通的城市江门，一个想创业的普通年轻人，把咸芝士与天然茶香融合，做了一种具有原创性的芝士茶。

这是这一代创业者的特点：他们了解世界，但不再简单模仿，他们要呈现自己的创造力。喜茶在深圳总部有专业实验室，独立自主进行茶饮产品构思、配方研究及样品制造，其基本理念是，“专注于呈现来自世界各地的优质茶香，让茶饮这一古老文化焕发出新的生命力”。

《经济学人》将喜茶喻为“中国的星巴克”，但聂云宸说喜茶从来不以成为星巴克为目标。

第一家店做得也很辛苦，为了解顾客喜好，聂云宸天天到微博搜评价，主要看差评，根据反馈不断改配方，改了半年，到 2012 年 10 月，小店门外开始排队了。聂云宸说：“任何一条大众点评的差评或者门店做错了一件什么事都会让我很崩溃。有次出门前我叫了一个喜茶外卖，送过来竟然是错的，当时气得我把电视砸了。”一个平凡的人，本着让顾客喜悦的念头，在移动互联网的反馈作用下，日拱一卒，迭代进化，成就不凡。

蔚来、喜茶都是中国新制造、新消费的代表。从中国李宁的刷屏，到老干妈创始人陶华碧的形象被印到纽约时装周的套头衫上，再到上海福州路杏花楼的肉松咸蛋黄青团发售时被年轻人追捧，排队能排 300 米，还有人专门坐火车来买，这背后是“本土特色＋创新巧思＋中国制造能力＋黑科技加持＋社交媒体催化”的新国潮的兴起，而有着更强文化自信力的Z世代[①]是新国潮的天然盟友。

中国的社会文化资本正在发生深刻而自然的演变。我曾找阅文集团的前CEO吴文辉交流，也去了B站，希望了解新消费背后的文化流变。我体会到：越年长的代际（比如"60后""70后"等）越克己，越能察觉中国的不足，在面对年轻人时越有教化色彩（可能是不知不觉的），在判断中国品牌价值时越习惯以国际品牌为坐标，比如做成"中国的苹果""中国的索尼""中国的欧莱雅"等等；而越是年轻的代际，越注重悦己，越自我，越多元，他们并不那么在意国际品牌，他们要做的是自己，而且相信自己。

究其根本，这两大类型的社会文化资本，一种建立在危机逼迫、历史性反思之上，因此更具自我批判性；一种建立在改革开放后逐步形成的新制度，以及全球化交流与竞逐之上，因此更加张扬和自信。

中国后浪的文化自信的建立，不是天上掉下来的，而是建立在前浪努力的基础上。这种基础，本质是以人为本的制度变革与创新。

后浪们会越来越少地知道，改革开放前的中国，是阶级斗争的弦一刻不能松、斗私批修要年年讲天天讲的中国，但那时的人们内心并没有真正的自信，所以宝安人一有机会就偷渡，哪怕冒着生命危险。后浪们今天习以为常的环境，是前浪打破重重束缚开辟出来的。

1979年9月，谷牧再次到广东，习仲勋提出是小搞、中搞还是大

---

① Z世代是指1995—2019年出生的人，又称互联网世代、网络世代，是受互联网、智能手机、平板电脑等科技产物影响很大的一代人。

搞,谷牧说:“中央是要广东先行一步,要广东大搞,小脚女人小走就起不了这个作用。”他还说:“你们要有点孙悟空大闹天宫的精神,受条条框框束缚不行。”

回顾 40 余年,先有了制度资本的突破,接着有了经济资本突飞猛进,才有了今天 Z 世代形成的和父辈不太一样的新文化资本。

三

在喜茶店隔壁,是华为手机的专卖店。

其实,华为手机刚起步时也很难。华为最早给电信运营商定制“白牌机”,2003 年为香港 PCCW(电讯盈科)做了 10 万部 3G 手机,货铺到运营商的店里,销量却极为惨淡,运营商只能加大补贴,让消费者用最小代价获得,甚至白拿。PCCW 的高层哀求华为的销售人员:“帮帮我们,要不,这些货只能填海去了。”

十几年后,华为手机已成大器。如果从文化资本的角度看,这意味着什么?

我看过曾任华为手机 CMO(首席营销官)的张晓云的一篇文章,她说,华为的品牌目标是成为全球标志性(iconic)的科技品牌,不仅仅是品牌指数上的名次,而且有着强烈的“意识形态”指向。拿苹果手机代表的是一种意识,拿华为手机代表的也是一种意识。

“苹果是谁?苹果代表的是数字时代的美式精英主义,就像很多年前的可口可乐。其特征就是,美式理想,精英驱动。可口可乐是‘一种神秘配方,全球表达’,苹果是‘一套封闭系统,全球表达’。美式精英主义不需要考虑到民众的开放式需求,不需要和本地文化连接,不需要多层次倾听民众的声音。

风向开始变了。从北美洲、欧洲到亚洲，都充斥着对传统精英主义的不满，年轻人用选票扰乱了传统的精英政治家上台，年轻人用钞票投票促使这些美式精英主义企业的增长乏力——无论是麦当劳、可口可乐，还是苹果。

取而代之的是，小人物创造大历史，无论是政治、社会还是经济、科技，小人物出身的'有抱负阶层'(aspirational class)正在崛起。华为的历史，就是一部'有抱负阶层'崛起的历史。一群普通的人会聚在一起，用奋斗者文化激励彼此最终成为世界上最大的通信服务提供商。华为拒绝华尔街的资本精英文化，而是让劳动者成为企业的主人，即使创始人也不过拥有1%多一点的股份，而员工却持有接近99%的股份。劳动者共同分享利润、承担风险、打拼现在、决定未来。

全球的消费者变得越来越年轻、越来越拥抱多元文化。他们渴望参与、渴望表达、渴望在理解中塑造未来的自己。他们相信机会永远都在，也越来越喜欢民族和地方文化，有着强烈的文化自信，相信新一轮全球化必然是尊重地方价值的全球化(全球化地方感)。"

我并不认同产品都要"意识形态化"，因为很多产品背后的文化是普遍的、相通的。我们更不要忘记，国际品牌之于中国最大的作用是帮助其建立了扎实的供应链，从宝洁到大众汽车再到特斯拉，每个时代的国际品牌都极大提升了中国供应链的能力，这些能力又成为中国本土品牌成长的基石。但是，当我看到喜茶的"inspiration of tea(灵感之茶)"，当我想到华为的"aspirational class"，我真实地感受到了新兴市场、新人群、新价值主张扑面而来的蓬勃力量。开放，最终让我们真的成长、自强、自信。

保持美国的技术垄断优势是美国的国家利益所在，所以抑制以华为为代表的中国高科技公司并不让人意外。意外的是力度如此之大、如此之急迫，好像再不抑制和打压就永远来不及了。

但能抑制打压得了吗？

四

抑制不了，也打压不了。

首先，美国 GDP 在“二战”后曾占全球 GDP 的一半以上，现在是 24%左右，份额掉了一半，接下来还会掉一半（如渣打银行 2010 年报告预测，到 2030 年美国 GDP 将占世界的 12%）。伴随美国 GDP 份额下降的是新兴市场的成长。越往后，美国之外的市场越是比美国之内的市场大。

按照亚当·斯密的理论，市场规模决定分工效率。谁能和更广大的市场相结合，谁的专业化效率就更高。而中国正在成为比美国更大的市场，同时还在开拓一切可以开拓的国际市场。

其次，中国除了在需求侧有市场规模优势，在供给侧也有“工程师红利”这样的人力资本优势。

我多次到华为调研。华为核心竞争力的来源是人力资本和知识资本的结合。华为有一套以“虚拟受限股”（ESOP）为核心的激励机制，激发广大科研人员把最具创造力的青春年华贡献给这里。华为也一直坚持吸纳全世界的知识精华，为我所用。

例如，华为能成为 5G 时代的领先者，原因之一是在基础研究上实现了突破。通过土耳其教授埃尔达尔·阿里坎在 2008 年公开发表的关于 Polar 码的论文，华为识别出信道编码的新方向，集中钻研，突破了 Polar 码的核心原创技术，极大地提高了 5G 编码性能，降低了设计复杂度，走在世界前沿。

只要中国努力拥抱全球大市场，而不是将自己封锁起来；只要中国矢志不移地坚持开放性知识创新，并将资源配置给那些真正献身创新的企业、机构和人……就不可能被对手“掐死”，当然，此刻很疼、很苦。

2019 年 5 月 15 日，华为被美国商务部列入管制“实体清单”后，华为海思总裁何庭波在致员工信中说：

“多年前，还是云淡风轻的季节，公司做出了极限生存的假设，预计有一天，所有美国的先进芯片和技术将不可获得，而华为仍将持续为客户服务。为了这个以为永远不会发生的假设，数千海思儿女，走上了科技史上最为悲壮的长征，为公司的生存打造‘备胎’……面对数以千计的科技难题，我们无数次失败过、困惑过，但是从来没有放弃过……今天，是历史的选择，所有我们曾经打造的备胎，一夜之间全部转‘正’！”

面对极限施压，为了极限生存，激发极限力量，创造非凡奇迹。

有些伟大是创出来的，有些伟大是熬出来的，有些伟大是逼出来的。

五

以上，就是 2020 年 5 月 27 日我在深圳平安金融中心的所见、所思、所得。

从 20 世纪 80 年代到 21 世纪，因为有华为、平安、招行、中集、万科、比亚迪、腾讯、创维、迈瑞、顺丰、华大、大疆、TCL 华星光电、立讯精密等一批批企业的努力，深圳成为世界级的创新之城。

每个企业都有一部奋斗史。我采访过任正非 3 次，每次他都讲做豆腐。2016 年他罕见地现身《新闻联播》48 秒，说的还是做豆腐。“中国有 13 亿人民，我们这几个把豆腐磨好，磨成好豆腐，你们那几个好好地去发豆芽，把豆芽做好！我们 13 亿人每个人做好一件事，拼起来我们就是伟大祖国呀！”

每个脚踏实地、踏踏实实做事的人和企业，都是在做豆腐。能用一生之力做豆腐，这简简单单的事，就能做出无限神奇，谁也压不倒。

深圳是中国之光，平安、华为、腾讯，这都是世界级企业。中国还有很多落后的地方，2019 年中国的人均可支配收入为 30733 元，月均为 2561 元。如果按中位数计算，人均水平为 26523 元，月均为 2210 元，也就是说中国有整整一半人口的月均收入在 2210 元以下。路还长。

路是走出来的，成就是干出来的，不是口水里出来的。我们没有口水来口水去的资本。实干兴邦，这是中国过去 40 多年的经验，也是每个人都该念念不忘的道理。

2020 年 5 月 31 日

第四章
商业文明“再出发”

跨越两个甲子的12代中国企业家

一

A股4000多家上市公司里最年长的董事长是谁？

是海天精工的张静章。他生于1937年1月，也是A股公司中唯一一位“30后企业家”。

海天精工旗下有四大业务：起家的注塑机是世界第一，港股上市，叫海天国际；数控机床2002年创建，已是国内第一梯队，A股上市；驱动产企2006年筹建，专注于交流伺服驱动系统、伺服机械手、液压驱动等产品的研发生产，可全面替代进口；金属产企2016年正式运行，为客户提供成套压铸设备和解决方案。

2020年国庆长假前，我和宁波的朋友到海天精工调研。集团办公室主任说：“你和老爷子有缘，他一个星期都在出差，今天刚回来。”但对我来说，这却是一次失败的采访，因为我完全听不懂他的宁波北仑话。

海天精工前身是江南公社 1966 年创办的江南农机厂。当时是为了响应毛主席的号召，“农村公社以农为主，有条件的，要发展为农业服务的集体工业”。江南公社就在一个破旧的尼姑庵里建了个小五金厂，全部资产是 4 台缺胳膊少腿的仪表车床，外加 100 元流动资金。没有工作台，就挖了几块石板拼凑，然后从废品堆里捡了些废弃机件，维修后作为设备使用。小作坊从生产镰刀、锄头、水泵等农机工具起步。

20 世纪 70 年代初，张静章发现农民在田里干活穿的都是草鞋，下水、走石头路草鞋容易磨破、霉烂，穿塑料凉鞋就没有问题。他盯着塑料鞋，脑子里跳出一个问号：塑料是什么做的？1973 年，第一台直角式注塑机诞生了，虽然注射重量只有 30 克，但当其打出第一只塑料凉鞋，还是在周边引起了不小轰动。张静章就此走上了注塑机之路。

我问老爷子：“你做的这些产业，原来前面有很多国外知名公司，你是怎么超过去的？”

他说，就是学啊，先学再赶。他们最初参加国内外的行业展览会，不是开幕时去，是提前三天去，因为那时展位上还不是整机，是几个大件。他们一人盯一个部分，仔细看，回来再自己做自己拼。

张静章办公室外是一个大阳台，可以望见一排排的工厂和员工宿舍。我问他还去不去工厂，他说去，自己开车去看，到外地才用司机。

“老爷子开野马跑车‘拉风’着呢”，海天精工人说，“每次他到厂里，大家都特别紧张，因为什么问题都瞒不过他的眼睛。”

海天精工的日常管理已交给“二代”和职业经理人，张静章的两个儿子张剑鸣和张剑峰分别担任海天国际的CEO和高级副总裁。第三代的代表——张静章的长孙张斌也已崭露头角。张斌生于1986年，在英国诺丁汉大学机械工程专业读本科，在伦敦大学国王学院读工程管理硕士，回国后先在上海一家世界500强锻炼，几年后才加入海天精工。

尽管交班顺利，一些重要的事情张静章还是亲自掌控，如财务和战略。他说他想得最多的是“很多国家都在‘限塑’，注塑机的未来会怎样?”他也关注智能制造。海天精工智能制造基地推行“以机代人”和“8＋16”生产智造模式——每天白天准备零部件的8小时，用一些人工把料备好，此外16个小时全是自动化、智能化生产，看不见人。

能不能24小时全用机器？可以，但有些环节用人的成本更低。所以海天精工采用了“8＋16”生产智造模式精益生产部署。

社会上估计很少人知道张静章的名字。这样的工业家低调得很，怕媒体闪光灯，闪光灯也很少盯上他们。但内心里，他们极为强悍。

在海天精工总部大堂陈列着一支大笔，笔杆上是一副对联：

五十载(阔海胸襟)匠人精工书写辉煌铸就金碑

一万年(高天境界)兴家治业镌刻华彩塑造永恒

大堂正前方，是一幅砚台模样的巨幕水帘。用这样的笔砚写什么？把海天精工产品“写”到全世界的版图上。在海天精工，无论大堂外、大堂内，还是张静章的办公桌旁，都能看到地球仪。张静章常对身边人说："我们要相信自己的产品，一个国家接一个国家地去占领市场。"

从宁波回到上海，我打开电脑，在"'30后'中国企业家"的名单上添上了张静章。

二

浙江的"30后"企业家，2018年我采访过横店的徐文荣，他生于1935年。在活动上曾见过"改革风云人物"步鑫生和"民企常青树"冯根生，可惜没有采访，他们都生于1934年，分别在2015年和2017年去世。

印象很深的"30后"企业家还有重庆的尹明善。他创办的重庆力帆正在困境中，被证监会调查，但尹明善个人的创业故事曾感动过许多人。他生于1938年，前半生坎坷，1958年因地主出身被打成"右派"，送到化工厂劳改，还被执行过监禁，在劳改农场被改造了差不多20年。改革开放后有了出头之日，回到化工厂当英语资料翻译员，后来被调到广播电视大学当英语教师，应聘到出版社当编辑。1988年，50岁的尹明善下海创业，做"二渠道"的书商。54岁开始做摩托车，65岁开始做汽车，别人说65岁做汽车太高龄了，他说"我才32.5公岁①，正是上进的年龄"。

如冯根生所言，创业意味着自身生命的减半，同时也意味着人生风险的加倍。挫折乃至失败是做企业的家常便饭。无论力帆的结局如何，尹明善这一生已尽其所能燃烧，活出了常人几辈子的

① 公岁体现的是一种积极乐观的心态，一般1公岁相当于2岁。

人生。

创业和年龄无关。1995 年，在辽宁丹东，曾任电信局电报员和丝绸学校教师、已经退休的 60 岁的吴志刚创立了一个做面包的小工厂，叫“桃李”。2015 年，桃李面包上市，现在市值有 400 多亿元。吴志刚 2019 年退休，退休前他是 A 股年龄最长的董事长。

从张静章、尹明善、吴志刚这些“30 后”企业家上溯，是“20 后”企业家。我采访过褚时健，在他 90 岁生日的时候。他生于 1928 年 1 月。每次吃褚橙，都会想到那句广告语，“人生总有起落，精神终可传承”。

以更广的视野看，港商中的“20 后”企业家特别多，像霍英东、李嘉诚、李兆基、郑裕彤，他们对内地的经济发展做出过不少贡献。2007 年，我采访过郑裕彤，那时他已 82 岁。他说会一直工作下去，不喜欢退休，退休了会闷。他 2016 年去世。

深圳经济特区建立 40 周年表彰了 40 名创新创业人物和先进模范人物，有香港的胡应湘。他是“30 后”，广州花都人，是最早到内地投资的港商之一，参与投资了广州中国大酒店、广深高速公路、虎门大桥等。

内地大学校长们记忆最深的港商可能是邵逸夫，他捐了很多图书馆和体育馆。邵先生出生于 1907 年，他在 2014 年去世。

台商中最出名的企业家有王永庆(1917)、张忠谋(1931)、郭台铭(1950)等，他们都是做工业的。1988 年，郭台铭到深圳生产电脑周边接插件。1990 年年初，王永庆访问大陆，带动了第一轮台商投资大陆的热潮。2000 年前后，宏力半导体与中芯国际率先在大陆投资设厂，开启了台资投资大陆集成电路产业的先声。

三

今天媒体经常关注的中国企业家，基本是“40后”到“80后”这五代。

“40后”，如任正非、柳传志、张瑞敏；

“50后”，如马明哲、李东生、董明珠；

“60后”，如马云、李彦宏、雷军；

“70后”，如马化腾、刘强东、王兴；

“80后”，如张一鸣、黄峥、程维。

其实“90后”企业家已不稀奇。2019年的统计，A股上市公司中“90后”的董事长已有15位，最年轻的是顺灏股份的王钲霖，他出生于1995年2月，是“95后”。不过他们几乎全是二代接班。

“90后”白手起家的代表人物包括比特大陆的葛越晟、兑吧的陈晓亮、国仪量子的贺羽、快看漫画的陈安妮等。2020年入学的湖畔大学6期学员49名，“90后”有5名。

过去40多年，市场化和国际化交融，工业化、城市化、信息化三化叠加，提供了无比丰富的机会。未来呢？下一个时代的机会高地是什么？是房地产、电商、游戏，还是人工智能、医疗健康、互联网教育、新消费、新能源、新材料、硬科技，抑或是某些现在还无从觉察的机会？无论是什么，无论在哪里，企业家都会发现它。

机会未必会均匀地分配给每个代际。但每个代际必有机会。看到机会的人很多，真正把机会变成伟业的人很少。

“00后”企业家有吗？在网上搜索，已经有人在使用“00后CEO”的概念。准确地说，“00后”应该还是创业者。不过，我们今天熟悉的很多著名企业家，都是大学时就开始勤工俭学了。“00后”，20岁了，创业不奇怪。从二代乃至三代传承的角度看，未来几年也一定会冒出一批“00后”企业家。

不过，全世界都一样，几乎所有激动人心的创业故事，都是白手起家。

四

现在让我们回到对于改革开放年代的所有中国企业家来说，那个永远不应忘记的时刻。

1979年1月17日，上午9点多，人民大会堂福建厅。邓小平在这里会见胡厥文、胡子昂、荣毅仁、周叔弢、古耕虞五位老人。他们均为饱经沧桑的民族工商业企业家，“文革”期间都受到了冲击。

邓小平开门见山：“听说你们对搞好经济建设有很好的意见和建议，今天就谈谈这个问题。”

“五老”有一个不约而同的希望，就是把“资本家”的帽子摘掉。古耕虞在书面建议中写道：“戴上资本家的帽子就如同头上顶着磨盘走路，想走也走不快。”

邓小平说，要落实对原工商业者的政策，“落实政策以后，工商界还有钱，有的人可以搞一两个工厂，也可以投资到旅游业赚取外汇……总之，钱要用起来，人要用起来”。中午邓小平请大家吃了一顿白水锅底的涮羊肉。

一句“钱要用起来”，说的是尊重资本。一句“人要用起来”，说的是尊重人本。有了这“两本”，中国企业家终于迎来了创造力的澎湃时代。

1979 年 6 月，五届全国人大二次会议宣布：资本家阶级在我国的历史条件下是人民的一部分，作为阶级的资本家阶级已不再存在，他们中有劳动能力的绝大多数人已经改造成为社会主义社会中自食其力的劳动者。

2002 年，十六大报告指出："在社会变革中出现的民营科技企业的创业人员和技术人员、受聘于外资企业的管理技术人员、个体户、私营企业主、中介组织的从业人员、自由职业人员等社会阶层，都是中国特色社会主义事业的建设者。"

把无数创业者、企业家纳入社会主义社会的劳动者、社会主义事业的建设者的范畴，他们就有了堂堂正正创业、创新、创富的立身之基。

这样的基础越牢固，中国经济就越有希望。

五

也是在 1979 年 1 月 17 日的会见中，邓小平提出："可以利用外国的资金和技术，华侨、华裔也可以回来办工厂。吸收外资可以采取补偿贸易的办法，也可以搞合营，先选择资金周转快的行业做起。"

他还直接点了将："荣毅仁同志，希望你减少一些其他工作，多搞些对外开放和经济工作。形式你自己考虑。你主持的单位，要规定一条：给你的任务，你认为合理的就接受，不合理的就拒绝，由你全权负责处理。处理错了也不怪你。要用经济方式管理经济，从商业角度考虑签订合同，有利润、能创汇的就签，否则就不签。应该排除行政干扰。所谓全权负责，包括用人权，只要是把社会主义建设事业搞好，就不要犹豫。”

荣毅仁回答：“我愿意做工作，我才 63 岁，在 80 岁以内还可以工作。”

“五老”之中，荣毅仁最年轻，他生于 1916 年。1979 年 2 月，他就提出了设立国际信托投资公司的建议，并搭建了一个班子，基本都是他的工商界故友旧知，包括经叔平（1918）、王兼士（1905）、吴志超（1914）、徐昭隆（1917）、吴光汉（1911）、雷平一（1910）、杨锡山（1916）等。

拿今天的标准，这些老人当时都到了退休年龄。但他们就是从六七十岁开始创业的。

1979 年 10 月 4 日，中国国际信托投资公司成立，荣毅仁任董事长兼总经理。

在天津，“五老”最年长的周叔弢创办了建华经济技术咨询公司，时年已 89 岁。

周叔弢的祖父周馥曾协助李鸿章兴办洋务 30 余载，叔父周学熙曾主持过北洋实业。当时周家与南通的张謇家族曾并称“南张北周”。周叔弢也是一位大收藏家，从 1952 年到 1972 年他先后 4 次将收藏几十年的宋、元、明抄本，清代善本及其他中外珍贵图书计 3.6 万余册和历史文物 1200 余件献给国家。

在上海，在党的十一届三中全会政策感召和邓小平“钱要用起来，人要用起来”的指示鼓舞下，以刘靖基（1902—1997）、唐君远（1901—1992）为代表的上海老一辈工商业者和部分海外人士千余人，共同集资 5700 余万元，于 1979 年 9 月 22 日创建了上海市工商界爱国建设公司（爱建），这也是上海第一家民营企业。

在广东宝安县的蛇口，企业家袁庚（1917），创立了蛇口工业区。

“五老”中的胡厥文，在邓小平会见 20 天后就写了《关于怎样调动工商界一切积极因素为社会主义现代化建设服务的意见》，并准备立即去上海组织试点，因医院检查发现他胃部有癌变，他就把《意见》寄给上海，希望落实。他积极治病，希望“能争取 3 年时间，将原工商界的人才发掘出来，将资金用起来，为‘四化’建设服务，完成邓小平同志交给的任务”。

胡子昂在 1979 年 85 岁时担任了全国工商联主委，调研大江南北，多次给中央写信，提经济建议。1984 年，他亲自筹办了全国第一家综合性多职能的贸易商社——中国工商经济开发公司，任董事长。

古耕虞担任了外贸部顾问，这位早年就有“猪鬃大王”之称的贸易专家继续为国家的猪鬃出口出谋献策，1992 年他 87 岁时还写了 1 万多字的《认识国际有利形势，进一步深化改革开放》的长文。

五位工商界老人，一个都没闲着。用古耕虞说过的一句话就是，“以国士待我，我以国士报之”。

倘若从生于 19 世纪 90 年代的胡厥文、胡子昂、周叔弢算起，至今为中国经济发光发热、出力流汗的中国企业家群体，已有 12 代人。

从 19 世纪“90 后”到 21 世纪“00 后”，他们的年龄跨越了近两个甲子。

六

2020 年农历为庚子年。2021 年为辛丑年。

回顾中国近现代历史，1840 年为第一个庚子年，鸦片战争爆发；1841 年为第一个辛丑年，香港被英国殖民统治。

1900 年是第二个庚子年，八国联军占领北京；1901 年是第二个辛丑年,《辛丑条约》签订,是为国运之最低谷,亦是中国人最受屈辱之时。按照条约,中国要赔偿列强 4.5 亿两白银,相当于每人一两。

历史学家蔡东藩曾评论:“……即此四百五十兆之赔款,已足亡中国而有余。原约赔款计四百五十兆两,分三十九年偿清,息四厘,子母并计,不啻千兆。此千兆巨款,尽由中国人负担,以二三权贵之顽固昏谬,酿成莫大巨祸,以致四万万人民,俱凋瘵捐瘠,千载以后,不能不叹息痛恨于若辈也。”

1961 年 1 月 7 日,中央批转轻工业部《关于紧急安排日用工业品生产的报告》。报告说,从 1960 年第二季度开始,很多地区重复出现某些小商品生产下降和市场供应紧张的现象。市场上锅、盆、碗、筷、缝衣针、鞋钉、奶嘴子、卫生纸、食盐、火柴等日用必需品供应不足,甚至产生脱销现象。“为解决上述问题,对日用工业品、特别是小商品生产,必须按市场需要,按行业、按品种,进行全面安排。”

然而,真正按市场需要发展经济,中国又摸索了很长时间。

从 1840、1841 年开始,四个庚子,四个辛丑,抚今思昔,顾后瞻前,感慨万千。

七

我的这篇文章提出了 12 代中国企业家代代相继的概念。在人类经济史上,可能从未出现过这样的奇观。他们就是中国经济增长的微观基础。

从广义看,一切有勇气做出决定和承担责任的人都具有企业家精神。由此也可以说,在各行各业努力为国家发展和现代化出力的人,都有创业者、企业家的气质。他们是中国应对一切挑战的真正的万里长城。

回顾历史也可看到，只要有一个稳定的、不折腾的环境，踏踏实实奋斗和创造，中国人总是用不了太久就能让自己富裕、让国家富强。就像周叔弢给儿子周一良书信中的一句话，“人能笃实，自有辉光”。

1956年春天“公私合营”的时候，胡厥文和几位工商业者谈心时说：“你们看过《西游记》没有？孙行者一路上想方设法去掉头上的紧箍咒，但一路上怎么也去不掉，后来到了西天，他问如来佛，我现在这个紧箍咒可以去掉了吗？如来佛说，你自己摸摸看。孙行者一摸自己头上，那个紧箍咒已经没有了。”胡厥文的意思是，工商业的社会主义改造会水到渠成。不过他没有想到，到了“文革”，那个紧箍咒又牢牢套上了。

直到改革开放，束缚人民创造力和积极性的紧箍咒，被再次解开。敬天爱人，万物自会生长。

“人能笃实，自有辉光”。国若自强，天将助之。

2020年10月18日

中国企业家公益3.0:从捐,到助,到创

“我们用几十年的时间走过了发达国家一两百年的道路。”这句体现中国的“浓缩型发展”的话,放在公益慈善领域也不例外。

从中国企业家近年来的公益之心和公益之举看,企业家公益正在“浓缩型发展”,在某些方面甚至走在了世界前列。

以扶贫为例,2015年10月,全国工商联、国务院扶贫办、中国光彩会发起“万企帮万村——精准扶贫的民企行动”,力争用3到5年,动员全国1万家以上民营企业参与,帮助1万个以上贫困村加快脱贫进程。

结果呢?最终达到的不是万级,而是十万级。

“万企帮万村”台账显示,截至2020年年底,中国有12.71万家民营企业精准帮扶了13.91万个村,带动和惠及1803.85万建档立卡贫困人口,产业投入1105.9亿元,公益投入168.64亿元,安置就业90.04万人,技能培训130.55万人。参与规模之大、帮扶范围之

广、投入力度之强，在世界扶贫史上是没有过的。

按照世界银行国际贫困标准，中国的减贫人口占同期全球减贫人口 70%以上，提前 10 年实现了《联合国 2030 年可持续发展议程》的减贫目标。这里的一个重要原因就是“举国同心，合力攻坚”。中央领导在脱贫攻坚表彰大会上，对“民营企业、社会组织和公民个人热情参与，‘万企帮万村’行动蓬勃开展”给予了充分肯定。

脱贫攻坚的中国实践表明，一个社会的目标不只是繁荣，还有和谐——它来自对普惠的追求。一个社会的发展也不只是建设高楼大厦，而是要让大多数人感到幸福，获得尊严，以及开发出自己的潜力，实现自我。

在追求和探索社会和谐与普惠的进程中，中国企业家大有用武之地。

二

如果说 2020 年和之前的几年是企业家公益的“扶贫年”，那么，2021 年也是一个里程碑式的年份，可以说是企业家公益的“科技教育年”。

2021 年 6 月 3 日，香港联交所披露的资料显示，美团创始人、CEO 王兴签订股票转让计划，将其个人持股的 10%约 5731.9 万 A 类股转为 B 类股，并将此部分 B 类股注入王兴基金会，专门用于推动教育与科研等公益事业。以 6 月 2 日美团收盘价 311.8 港元计算，注入基金会的股份市值约合 147 亿人民币。基金会当日已经完成了约 935 万股（市值约合 24 亿人民币）的公益捐赠。

此前在 3 月 18 日，拼多多创始人黄峥向浙大捐赠 1 亿美元的消息登上热搜。黄峥和拼多多创始人团队成立的繁星公益基金，将在未来3到5年向浙江大学教育基金会捐助1亿美元，拟开展的首批科研项目包括“超大规模实时图推理机研究”“重大脑认知障碍的闭环调控研究”“肿瘤免疫新抗原研究”和“细胞培养人造鱼肉研究”等。

美团和拼多多都是全国扶贫攻坚表彰大会表彰的先进集体。在扶贫攻坚之后，王兴和黄峥又不约而同地选择了科技和教育的公益方向。一北一南，恰成呼应。

黄峥公益回馈的主体是母校浙江大学，王兴也在母校清华大学110周年校庆之际捐资成立“清华大学兴华基金”，帮助母校发展教育，培养人才。今年王兴还在他的中学福建龙岩一中创办118周年之际，与家人共同捐赠5000万元。

除了王兴和黄峥，近期特别引人瞩目的企业家在科技、教育方面的公益范例，还有虞仁荣和曹德旺。

虞仁荣是宁波籍企业家，清华大学1985级无线电系学生，韦尔股份创始人。他在2020年底决定捐资200亿元，筹建一所高水平研究型理工大学。今年3月，宁波“东方理工高等研究院”正式对外招聘，该院由宁波市、虞仁荣教育基金会创办，聚焦信息产业与新一代科技革命前沿应用。此前的西湖大学也是从成立高等研究院起步，再获批设立大学，西湖大学主要的资金来源也是企业家捐助。

5月2日，曹德旺的河仁慈善基金会网站发布了一则消息，基金会计划总出资100亿元投入筹建“福耀科技大学”。学校性质为“新型公办大学”，致力成为“中国新时代高校工程师的摇篮”。

这些大手笔的企业家公益，与“十四五”规划和2035年远景目标纲要所规划的，“加快建设科技强国”“整合优化科技资源配置”

“加强原创性引领性科技攻关”“持之以恒加强基础研究”等，非常契合；和国家所期望的，“只有真诚回报社会、切实履行社会责任的企业家，才能真正得到社会认可，才是符合时代要求的企业家”，也非常呼应。

从 1946 年出生的曹德旺，到 1966 年出生的虞仁荣，到 1979 年出生的王兴，1980 年出生的黄峥，每一代企业家在成就一番事业的同时，都在企业家公益的舞台上发光发热。

二

回顾近现代社会的公益浪潮，既是时代的召唤，也和企业家的自觉有关。如果和欧美相比，中国企业家公益正在呈现“后发优势”。

马修·比索普和迈克尔·格林在《慈善资本主义：富人在如何拯救世界》一书中梳理了西方企业家的公益慈善历史。

1.0 版本的慈善是“简单粗暴地给钱”。如英国都铎王朝（1485—1603）和欧洲文艺复兴时期的商人，以及 18 世纪新兴股份公司的创始人和金融投机商，其慈善模式就是如此。

2.0 版本的慈善是捐助者不仅捐助资金，而且贡献时间、精力和脑力，用专业化的方式做慈善，以让资金得到最有效的利用。

3.0 版本的慈善是像盖茨基金会这样的“催化式慈善”，针对人类可持续发展的重大议题（如“这个星球上的每一个人都应该享受到基本的医疗服务”），用创新的方式，整合科研、生产、金融、政府、国际组织、企业、民间组织等各种资源，使穷人、病人、孩子能够得到“可支付的服务”。3.0 版本的慈善方式还包括影响力投资、社会企业、公益企业等。

如果说 1.0 版本的公益，核心是“捐”（如英国南海泡沫事件的受益者之一托马斯·盖伊捐助了伦敦的盖伊医院）；2.0 版本的公益，核心是“助”（杜克大学迪斯教授将慈善定义为“动员和调动私人资源，包括金钱、时间、社会资本和企业家才能，以改善我们生活的世界”）；3.0 版本的公益，核心是“创”。用世界经济论坛创始人施瓦布的话，就是把解决社会或环境问题的创意转化成产品或服务，参与解决全球问题。

克莱尔·戈迪亚在《伟大的善行：慈善事业如何推动美国经济以及挽救资本主义》一书中区分了传统慈善和现代慈善。传统慈善只能治标，即减轻苦难的严重性，而现代慈善要以投资来解决根本问题。透过慈善投资的方式，可以摆脱以往的“施舍性质的济贫院方式”，更能突显自由、个人价值以及企业精神。

回到中国。改革开放后的中国企业家公益也经历了上述三个阶段，只是更快地掀开了 2.0 和 3.0 的版本。

1999 年，胡润准备做“中国大陆富豪排行榜”时，面对的挑战是通过什么方法找到这些富豪。“在国外，找到富豪的方法很简单，最富的人应该是捐赠最多的人。比如，比尔·盖茨是世界上最富有的人，他同时也是世界上最慷慨的人。可是，1999 年，这条路在中国走不通。”胡润说。当时无论从财产权保护、民营企业自身实力、企业家的公益意识、公益慈善的制度安排等，都很难形成企业家公益浪潮。

仅仅几年之后，2004 年，胡润以《欧洲货币》杂志的名义和中国社会工作协会企业公民工作委员会共同发布了中国慈善家的榜单，上榜的 50 位企业家在 2003 年总共捐赠了 10.2 亿元的现金和物资，最低捐赠额为2000万元。这是对企业家公益的首次总结。

中国的企业家公益在十八大之后快速发展。在2018年表彰的100位改革开放先锋人物中，有20位左右企业家代表，其中民营企业家大约占2/3，如马云、马化腾、王永民、刘永好、李书福、李东生、李彦宏、何享健、张瑞敏、南存辉、柳传志、鲁冠球，他们基本都成立了以个人或企业命名的公益慈善基金会。

《2021胡润慈善榜》指出，来自中国16个城市的39位中国企业家在2020年的捐赠都超过1亿元，共计捐赠301亿元。相比2004年第一次发榜，企业家公益已经蔚为大观。

截至2021年5月20日，中国共有8635家基金会，其中企业基金会大致占1/7，这1000多家企业基金会代表了中国企业家公益的主体。

三

中国的企业家公益，相比西方有一些突出特点，比如企业家更习惯于"捐"和"助"并行，都自己做，而西方企业家捐助的相当一部分是交由社会专业组织执行。这里的一个原因是，中国的社会化专业组织的实力还不强，所以企业往往是立足自身做公益。

例如，去年11月20日，国务院新闻办举行了"万企帮万村——精准扶贫的民企行动"中外记者见面会，江西正邦集团的林印孙、福建福耀集团的曹德旺、陕西荣民控股集团的史贵禄、宁夏宝丰集团的党彦宝分享了各自的扶贫故事。

他们都是自己在行动，如荣民集团建设了3万多个日光大棚，通过大棚种植让农民人均纯收入增加了1万多元，研发出117个高产品质的种子，让毛乌素沙漠延伸段北纬40度的广大农民受益，有些新品种还推广到了全国、全世界其他沙漠地带。

中外企业家公益的另一不同点，是西方历史悠久的基金会多，家族基金会多，“老钱”多，投资于文化艺术多，而中国新兴企业家多，新技术公司多，“新钱”多，特别是互联网企业更善于利用技术和平台，快速地、大面积地创造社会价值。

以美团为例。美团是“全国脱贫攻坚先进集体”，全国832个原贫困县中，有超过98.4%的县接入美团，线上活跃商户达48万家。2020年，全国原贫困县商户在美团产生了约7亿笔订单、交易金额达348亿元。2013年至2020年的8年间，累计约60万建档立卡贫困骑手在美团实现就业增收，约六成在职贫困美团骑手的月收入在3000～8000元之间，显著高于全国居民2020年人均可支配月收入水平(2682元)。

显然，通过科技赋能、创造了大量就业机会的数字化本地生活行业，本身就是很大的公益。

美团创始人王兴是一个深度思考者，理工男出身，酷爱阅读，非常理性。但他也很感性。2018年4月24日，在福州举行的首届数字中国建设峰会上，王兴演讲，说了这么两段理性和感性兼备的话：

“闽南话有句叫‘爱拼才会赢’，这个精神不但适合创业者，而且也是所有参与数字中国建设者应该具备的精神。福州这座城市的文化精神，还可以用一句严复先生的话来表示：‘非新无以为进，非旧无以为守。’我认为这句话非常精彩，它提醒我们，在不懈追求创新与前进的同时，还应有所持守，不忘初心，要懂得感恩，要积极回馈国家、民族和生养我们的土地与人民。”

“多年以前，在我往返于北京和家乡龙岩的时候，经常要经过厦门机场。父亲在一次开车从家里送我去厦门机场的路上，穿过高架桥和隧道的时候，指着窗外的高架桥和隧道，非常自豪地说，这条隧道、这座桥是用他们厂生产的水泥建造的。他当时的语气很平静，但我能深深感受到他话里的自豪。他自豪是因为他参与了国家和家乡的建设，生产水泥，参与到'要致富、先修路'的过程当中来。2003 年年底，当我中断在美国的博士课程回北京创业的时候，我觉得是在回国参与建设中国的信息高速公路。和当年用水泥浇筑高速公路相比，我希望在今天这样一个新时代，我们这代人能够真正搭建起信息高速公路，建设数字中国，打造网络强国，共创美好生活。"

这就是中国新一代企业家的内心世界。很简单，很单纯，就是希望在新的时代，用他们擅长的技术，为人民创造美好生活，助力实现"中国梦"，并在这个过程中实现一个充分绽放的自我。

由这一初心来看，王兴在 2021 年捐出其个人在美团持股的 10%，价值近 150 亿的股票注入公益基金会，像他所欣赏的比尔·盖茨和黑石创始人苏世民一样，推动教育与科研等公益，是水到渠成的事。

王兴不止一次说，作为平台型互联网企业，我们不能仅仅用法律、义务这样的底线来要求自己，而是要更加自觉、更加主动地承担社会责任，创造社会价值，构建一家社会企业。

有梦想，有爱心，有前瞻性的对科技改变世界的追求，王兴、黄峥这一代企业家，将给中国的企业家公益带来新的力量和希望。

著名的"罗德奖学金"创始人、戴比尔斯公司创始人塞西尔·约翰·罗兹曾说："生活中的至高幸福是报效祖国。"这句话曾被苏世民等企业家引用。但如果了解罗兹本人在"扩大不列颠在全世界的统治”、建立从开普敦到开罗的殖民帝国中的先锋角色的话，听起来多少有些不自在。

而从中国当代企业家报效祖国、造福人民的初心和实践来看，他们无愧于阳光下的创业者和建设者的称号。他们投身公益也不是“施舍”(charity)，而是“爱人”(philanthropy)，是在感恩时代的基础上，用创新的方式推动社会进步。

对于这样的“创公益”，我们有理由送出掌声，为他们加油！

2021年6月11日

像扶贫一样安抚企业家的心

一

想到这个题目时，我自己都有些被惊到。因为很容易招骂。

人们都在讲贫富分化问题，你说要安抚企业家的心，他们已经有那么多财富，你还觉得不满足吗？

中国的营商环境在不断改善，放管服改革不断深化，科创板等为企业家才能的资本化打开了通道，环境对他们已经够好了吧？

不少人为富不仁，发的是不义之财，你也要安抚？

首先，我说的是安抚企业家的心，不是不仁不义不择手段的心。

其次，“营造企业家健康成长环境弘扬优秀企业家精神更好发挥企业家作用”是中共中央国务院的要求，是国家的大政方针，近年中央领导多次与企业家座谈，为企业家鼓劲，让企业家安心。

对企业家理论颇有研究的刘鹤副总理曾说:“经济的真正动力阶层在于企业家,他们把新的思想、新的技术,通过新的组织形式和新的制度投入市场,并且不断地开拓市场,这样使得经济得以发展。”他呼吁:“中国应像尊重科学家一样尊重企业家,给其以应有的回报,这样才能培养出一个企业家阶层。”他还说,具有识别功能、融资功能、构造股权结构和进行好的制度安排这三大功能的风险投资家也是企业家。

无论从政策还是学理上,安抚企业家的心,这个命题一点没错。

二

我为什么提出“像扶贫一样”呢?

因为十八大以来,扶贫是中国发展的全局性战略之一,中共中央国务院有三年行动的指导意见,从上到下高度一致,目标明确,部署细密,措施到位,执行力强。没有人说一个“不”字。

我到一些国家级贫困县调研过,亲眼看到县里四套班子成员包乡镇、包片,县里各级部门包村、干部包户,各村镇实现了单位帮扶全覆盖,帮扶单位在各村成立减贫摘帽攻坚队,每个队员负责村内10户左右群众。再加上企业、社会慷慨帮扶,只要找准和市场对接的造血型项目以及致富带头人,贫困地区的面貌是完全可以被改变的。

扶贫之所以如此有效,是因为上上下下将扶贫视为社会主义的本质要求和党的重要使命,所以没有杂音杂念,没有说一套做一套,而是真抓实干,贯彻到底。

而企业家方方面面是不是已经真正形成统一认识了?从招商

引资看，各地的认识应该是统一的，但要说关心企业家、弘扬企业家精神也是社会主义发展和生产力发展的要求，恐怕很多人就会有犹豫，不敢像讲扶贫那样理直气壮。

其实，我国《宪法》规定，个体经济、私营经济等非公有制经济“是社会主义市场经济的重要组成部分”，非公经济中的企业家当然是社会主义经济的开拓者和建设者，更不用说国有经济、集体经济中的企业家了。

《宪法》还规定，在中国境内的外国企业和其他外国经济组织以及中外合资经营的企业，它们的合法的权利和利益受中国法律的保护。

可见，各种类型企业的企业家，只要守法经营，都是与社会主义经济制度相融的。他们完全应该很安全、很安心地从事经济活动，为利益相关者创造价值，并获得应有的管理收益和资本收益。

安抚企业家还有一个重要背景，就是中美之间的摩擦加剧，中国必须做好打持久战的准备。而打持久战拼的是综合国力和人民的团结一心，这就要求我们的经济不能停摆，生产力不能下降，创新不能止步，国力不能衰退，经济要更有韧性，争取发展得更好。谁是创新主体和经济新动能的挖掘者、激发者？是企业家。如果企业家心散了，中国经济前途堪忧。

我提出“像扶贫一样安抚企业家的心”，是希望从本质上、从战略上，增强全社会对企业家的认识。

三

为什么要安抚企业家的心？我想到5个理由。

第一，企业家的作用很大。到2019年年底，中国有1.23亿户市场主体，其中企企 3858 万户，个体工商户 8261 万户。他们是经济活动的主要参与者、就业机会的主要提供者、技术进步的主要推动者。民营经济更是具有“五六七八九”的特征。在所有市场主体中，企业家发挥着举足轻重的作用。

第二，企业是脆弱的物种。很多人一想到企业家，就会想到实力雄厚、财富滚滚。其实，企业往往九死一生，朝不保夕，充满了不确定性。关于中国企业的平均寿命，有说是 3.9 年，有说是 2.4 年，不明出处，很难采信。我能找到的官方权威报告是原国家工商总局企业注册局 2013 年发布的《全国内资企业生存时间分析报告》，据此报告，截至 2012 年年底：全国 1322.54 万户内资企业中，生存时间 5 年以下的接近企业总量的一半（49.4%）；近 5 年退出市场的企业平均寿命为 6.09 年，寿命在 5 年以内的接近六成。我认为，这些数据偏乐观，因为报告定义的“退出市场”是指被工商部门吊销营业执照或到工商部门注销掉营业执照，而不少企业其实早已名存实亡。当然，企业和人不同，企业“死”了以后企业家还可以从头再来，但从总体上说，办企业失败率很高。

第三，企业家是一种高压力职业。家家都有本难念的经，企业家要面临外部市场、社交和内部生产管理等各方面的压力和不确定性，这些对身心健康的影响很大，企业家的幸福指数并不高。2008—2012 年，中国有超过 20 位知名企业家因心脑血管疾病和癌症先后去世，死于心脑血管疾病的平均年龄为 48 岁，死于癌症的平均年龄为 46 岁。慈铭体检集团 2013 年的一项调查表明：企业高管级别越高，健康状况越差，企业高管的健康异常率高达 98.5%，其血压、血糖指标比普通员工高 5%～10%；企业家在脂肪肝、血脂异常和肥胖 3 个指标上高出全国平均发病率 20%以上;颈椎异常发病率高出全国平均水平40%以上。清华大学公共健康研究中心、《中国企业家》杂志和爱康国宾合作推出的《中国企业家健康绿皮书2014》指出,97.5%的企业家至少检出一项指标异常,近60%的企业家检出了5项及以上指标异常。近年来,企业家更在意自己的身体,追求健康的生活方式,情况应有所改善。但从我和企业家群体特别是“40后”到“70后”企业家的接触看,无论是和实际年龄比,还是和其他较稳定的职场从业者比,他们普遍显老,身体的毛病不少。

第四,企业家是一种高危职业。根据北京师范大学中国企业家犯罪预防研究中心《2016中国企业家刑事风险分析报告》,企业家犯罪规模较前几年明显上升,所触犯的罪名数量从2014年、2015年的51、57个,增加到2016年的77个。

《2017中国企业家刑事风险分析报告》显示,2292名企业家的犯罪行为,共涉及84个具体罪名:国有企业家的高频率罪名为受贿罪、贪污罪、挪用公款罪;民营企业家的高频率罪名为非法吸收公众存款罪,虚开增值税专用发票用于骗取出口退税、抵扣税款发票罪,单位行贿罪,职务侵占罪,合同诈骗罪。企业家触犯非法吸收公众存款罪共计415次,其中国有企业家1次,民营企业家414次。

一般来说,中小企业家是刑事犯罪的高发群体,特别是在融资方面。但近年来,很多大型企业的企业家也纷纷出事。金杜律师事务所发布的《中国上市公司刑事犯罪报告(2019年度)》指出,2019年有93家上市公司卷入刑事案件,其中41家上市公司关联主体涉嫌构成刑事犯罪,20名上市公司实际控制人或董事长陷入刑事追责程序,所犯罪名涉及集资类犯罪、职务类犯罪、经营类犯罪、证券类犯罪等。

以往很多企业家对合规的关注往往是在民商事法律风险方面，较少关注“刑事合规”问题。一些企业家总觉得企业出了点问题，罚点款、走走关系就能解决，其实大量经济活动都会受到刑事方面的法律规定制约，弄不好就要判刑坐牢。

第五，企业家内心充满纠结。一方面，中国有巨大的市场机遇和发展机会，是全球最佳的创业创富热土之一；另一方面，在转型转轨、政策变动、公权力、行政性干预、非公经济存在很多劣势等背景下，很多企业家行为都是不情愿的、扭曲的、被迫的。比如只能挂靠某些部门才能进入某些行业，交牌照费，寻租。很多企业家有了困难也不敢对外面说，说了银行就开始抽贷。企业家表面风光，很多是做给外面看的，内心往往是千般纠结万般苦。

四

对上述提到的情况，中央高层是非常清楚的，2018 年 11 月 1 日习近平总书记在民营企业座谈会上的讲话指出：“我们出台的支持民营经济发展的政策措施很多，但不少落实不好、效果不彰……在平等保护产权、平等参与市场竞争、平等使用生产要素等方面还有很大差距。有些政策制定过程中前期调研不够，没有充分听取企业意见，对政策实际影响考虑不周，没有给企业留出必要的适应调整期……在防范化解金融风险过程中，有的金融机构对民营企业惜贷不敢贷甚至直接抽贷断贷……对一些民营企业历史上曾经有过的一些不规范行为，要以发展的眼光看问题，按照罪刑法定、疑罪从无的原则处理，让企业家卸下思想包袱，轻装前进。”

这次讲话之后，最高法、最高检等出台了一系列政策文件，如

《关于依法甄别和纠正涉产权错案冤案的工作方案》《关于充分发挥审判职能作用为企业家创新创业营造良好法治环境的通知》等，最高法还发布了依法平等保护民营企业家人身财产安全的十大典型案例，提出三个慎重——慎重采取拘留、逮捕等人身强制措施，慎重查封扣押冻结涉案非公有制企业财产，慎重发布非公有制企业案件的新闻信息。这些举措在一定程度上起到了让企业家安心的作用。

为了写这篇文章，我问了自己熟悉的一些优秀企业家，你们现在最担心的是什么？

从外部环境说，他们最担心中美脱钩，全球化倒退，经济下滑，改革开放逆行，社会不稳定，民粹化情绪波及企业家。

从营造企业家健康发展环境的角度，他们普遍认为，中国营商环境的改进是明显的，特别是在长三角、珠三角和近年发展较快的一些中心城市。他们并没有更多要求，只希望政策稳定、政府说到做到、企业不被干预就好了。

我还看了 2019 年 6 月最高人民法院召开的民营企业家座谈会的发言摘登。

有的企业家说，希望加大力度，让“有恒产者有恒心”真正成为所有民营企业家的定心丸。

有的说，当各级政府在向我们询问什么是好的营商环境时，我想大家的回答是一样的，第一条一定是安全，企业和企业家生命财产的安全问题、业务正常运营的安全问题。

有的说，最根本的是两条，一是产权保护，二是民营企业家的权益保护。要坚决防止将经济纠纷当作犯罪处理，坚决防止将民事责任变为刑事责任，让企业家专心创业、放心投资、安心经营。

有的说，对于有自首、立功表现，认罪态度较好，社会危险性不高的民营企业家，应尽量采取取保候审等刑事措施及缓刑。保障被羁押民营企业家非涉案信息的畅通，充分保障其律师会见的权利，以保证其可以在羁押期间仍管理企业，使企业正常运营，降低连锁风险的发生。

有的说，要树立非公企业财产同样不可侵犯的司法意识。查封、冻结和执行涉案财产时，应严格区分个人财产与法人财产、股东财产与公司财产、被告个人财产与家庭财产、涉案企业和人员的合法财产与非法财产，不得任意扩大涉案处置资产的范围和数额。慎重处置民营企业的决定性生产经营财产，避免一个案子毁了一个企业。

有的说，不要轻易将企业家的一些创新和经营行为认定为非法经营罪，不要轻易将民营企业家的合法财产认定为非法所得，对于骗取贷款罪等经营性罪名要根据客观情况，谨慎认定。

…………

综上所述，中国优秀企业家更关心的是世界和中国的走向问题，而更广泛的企业家群体，除了关心这些，还关心产权安全、人身安全和经营安全。

还有企业家向我反映，早几年政府部门鼓励互联网金融创新时，他们成立了一家网贷公司，当时没有哪个部门来监管，等行业出了问题，就一刀切全部终止。而追缴借款人欠款的工作、企业负责人处置资产变现的工作则无法有效展开。

我一向倡导诚信经营、正大光明的企业家精神，企业触犯法律，当然要依法办事，但针对相当多问题也要具体情况具体分析、历史性地理解。若处理不当，一个企业就完了，更重要的是由此产生的示范性会让更多人心里不安，甚至心惊肉跳，宁可做少一点，或者移民转换身份图个安全。

五

当前的中国经济，既表现出强大的韧性，同时也面临相当大的压力，展望未来，形势会更加严峻和复杂。

时代需要广大的市场主体特别是企业家牢牢树立坚强的意志和对国家民族深切的责任感。40 多年的改革开放造就了广泛的中国企业家群体，越是沧海横流，越是展现企业家精神的时候。

时代需要中国企业家临危不乱，危中见机，自我超越，开辟新局。

但中国企业家要完成新时代的使命有一个前提，就是让他们“吃下定心丸，安心谋发展”。

一边鼓励建立信心，一边又因为种种原因让信心流失，那就会像漏水的水桶，怎么也难以装满。

一切从事以人为本的价值创造活动、承担风险和不确定性、有勇气做出决策的人，都具有企业家精神。企业家精神不止于企业，政府、社会、学校、医院，各种组织里，都有企业家精神发挥的空间。

我们需要全社会各个方面一起努力，共创鼓励做事而不是刁难做事的环境。我们需要更多做事、做实事的人，那种只会盯着、管着别人怎么做事的人要尽量减少。从两种人的比例上看，前者的比例越高越好，后者的比例越低越好。

每个人心里深处最渴望的情感，就是平等和尊重。

正和岛创始人刘东华在《中国企业家》杂志社担任社长时曾说，所有成功的企业家，内心都结满了厚厚的茧子。

当此时刻，让我们像扶贫一样安抚这些结满茧子的心吧。不用更多的政策倾斜，就只要真正的平等、公平和尊重。

将心比心，中国企业家也一定不会辜负这个需要他们更加努力前行，而不是后退和躲闪的时代。

2020 年 8 月 9 日

“创业代企业家”的挑战与“职业化企业家”的到来

一

如果你经常关注中国的上市公司，这些年，也许你会注意到这样的现象。

现象一：不少由创业代企业家掌控的上市公司，纷纷出现业绩大跳水、造假诈骗、债务危机、商誉大减持、大股东掏空、盲目多元化、涉入不正当官商关系等问题。

多个省份的首富变成了“首负”，有的风口明星成了流星，有的企业名人现身社会丑闻榜。

从世界 500 强的华信、安邦，到“白马”康得新和康美药业，再到乐视网、浙江新光、辅仁药业、东方金钰、天元锰业、银亿集团、藏格控股、东方园林、承兴控股、凯迪生态、神雾环保等等，莫不如此。很难说这些失败都是由金融去杠杆等客观原因造成。大部分其实都是咎由自取。

现象二:不少由职业化企业家掌控的上市公司,在领先于中国市场的基础上,正向着世界级企业迈进。

比如:潘刚领导的伊利,万隆领导的双汇,方洪波领导的美的,董明珠领导的格力,郁亮领导的万科,胡杨忠领导的海康威视,庞康领导的海天味业,汤玉祥领导的宇通客车,孙飘扬领导的恒瑞医药,等等。

作为马云接班人的阿里巴巴张勇和蚂蚁井贤栋,其实也是职业化企业家。

所谓职业化企业家是指,他们最初加入企业时并不是企业的所有者和控制者,而是职业经理人,但后来他们逐步成长为企业领导人,同时通过企业改制或股权激励拥有了一部分股权,成为企业的所有者之一,并对企业发展具有高度的掌控力。

二

上述现象对我们有何启示?

首先,企业家至关重要。企业家精神是企业增长与可持续发展的核心驱动力,企业家经济是燃料充足的增长型、创新型经济。正如当年拯救了克莱斯勒汽车的李·艾柯卡所说,只要有50个企业家,就可以从危难中拯救美国。日本的松下幸之助也说过,一个企业的兴衰,70%的责任由企业家承担。

其次,企业家精神天然地与企业创始人和所有者相关联。创业代企业家是不可替代的,其能动性是巨大的。但是,这种能动性是不是等于“用正确的方式做正确的事情”，则要画一个问号。如果创业代企业家唯利是图、不择手段，或者小富即安、浅尝辄止，都不可能造就长久的企业、伟大的企业。

也就是说，ownership（所有权，物主）和 entrepreneurship（企业家精神）是有所不同的。企业家精神的核心是敏锐地发现机会，承担风险与不确定性，不断创新，永葆“征服的意志、战斗的冲动、创造的欢乐”。“企业家 =富豪”“企业家 =私企老板”等看法都存在误区。

近年来，中国不少创业代企业家之所以出问题，本质上是因为他们偏离了企业家精神的正道。他们事实上已经不再是企业家，只是企业主而已。弄不好，连作为企业主所拥有的资产也会被拍卖，什么也留不下来。

再次，企业家精神必须和职业化、专业化的经营方式相结合，企业家才有远大前程。也就是说，企业家要坚守主业，坚持培育核心竞争力，坚持在管理和创新上精进。举凡中国具有常青树特征的企业家，基本上都是专心致志、心无旁骛、在专业化道路上追求卓越与极致的人。早期如张瑞敏、周厚健、李东生、麦伯良，后来如潘刚、郁亮、方洪波，都更像职业化企业家，他们以企业为家、为使命，同时是经营企业的专家，在原有基础上真正把企业做大做强了。

三

从更长的时间维度看待“职业化企业家”这一现象，我们也会发现，形成职业化企业家的方法，主要是对职业经理人进行恰当而充分的激励，增强其进取心和风险偏好，如此他们才能真正成为企业家，领导企业走长远的路。

这里的要点有三：

其一，他们必须成为企业管理团队的核心，而且要长期稳定。这样，他们的愿景，以及对愿景的落实，才是长期的。

其二，对他们以及对更广大员工的激励，必须符合人力资源市场充分竞争的需要。在这方面，全球互联网公司过去 20 多年已经有了一套行之有效的方法，可供借鉴。

其三，激励的本质不是给企业家多少钱，而是激励企业家帮助公司和利益相关者创造更大价值。企业家个人的收益是企业做大蛋糕的附属物，是分享创造红利。

同样是上市公司舵手，同样是分享企业利益，为什么某些创业代企业家采取了“掠夺”方式，而职业化企业家采取了“创造”方式？根本原因在于对后者的激励机制是一种增量方式、正和方式、先创造再分享的方式，而前者追求的是“内部人控制”的“控制权回报”。

来看几个案例。

2012 年，美的交接班，创始人何享健交班给职业经理人方洪波而不是家族成员。2012 年，美的实现归属于上市公司股东的净利润为 34.77 亿元；而到 2018 年，这个数字增长到 202.31 亿元。这充分反映了职业化团队的能力。目前，美的的市值接近 3800 亿元，通过股权激励，方洪波持有 1.37 亿股，占总股本的 2%，市值 70 多亿元。2018 年，方洪波的年薪为 808 万元(税前)，分红为 1.78 亿元。

2014 年，海天味业上市，市值超过 500 亿元。当时有分析师认为股价过高。而现在海天味业的市值已经在 3050 亿元左右，翻了好几番。海天味业的改制完成得很早，作为海天味业董事长的庞康目前持有 2.58 亿股股票，接近 10%，市值突破 300 亿元。2018 年，庞康的年薪为484.96万元(税前),分红高达2.5亿元。海天味业副董事长程雪持有股票的市值也有90亿元。海天味业2018年年报称,过去实现了“五年再造一个海天,营业收入翻一番”的目标。

海康威视2001年成立,2010年上市,目前市值为3200亿元左右。海康威视是自2006年开始实施国有上市企业股权激励之后,唯一被国资委批准实施了4次股权激励的公司。海康威视董事长胡杨忠目前持有1.82亿股股票(其中有部分为个人在二级市场增持),市值在50亿元以上。

伊利1996年上市时的市值为4.2亿元,目前接近1800亿元,增长了400多倍。通过股权激励,伊利董事长潘刚目前为伊利第三大股东。潘刚2004年提出2005年要达成百亿元销售目标,2005年提出2010年进入全球乳企20强,2009年提出2015年进入全球乳企10强,行业都曾存疑,但无一例外都实现了。伊利在2020年前三季度营收达737.7亿元,距离2014年提出的“五强千亿”目标近在咫尺。

上述案例说明,对职业经理人的股权激励是上市公司做强做大的可靠之路。而当他们把公司真正做大后,他们的回报并不亚于很多创业代企业家。将这些职业经理人和那些创业代企业家相比,二者之间最明显的区别是:职业化企业家喜欢走专业化之路,坚持在某个确定的大市场上深耕,有远大的职业抱负,希望成为世界性领导者,他们把自己的命运押在把企业做好、做强、做久这唯一的一条路上;而某些创业代企业家,主要考虑的是怎么赚钱,只要赚钱,哪怕是快钱、投机、割韭菜也在所不惜,最后出问题是必然的。

“职业化企业家”主导的上市公司的成功,离不开个人的突出贡献,也离不开团队的共同努力。随着公司越做越大,增长难度越来越高，不依靠团队共同参与，精益管理和创新，单靠一个企业家的头脑和敬业，注定是不行的。

以美的2014年的激励计划为例，首次授予股票期权的激励对象为681人，行权数量接近1亿股。以伊利披露的2019年限制性股票激励计划修订稿为例，伊利拟在2019—2023年，向480名核心团队人员授予1.524亿股限制性股票，其行权条件是：公司未来5个年度净资产收益率（盈利能力）不低于20%；分红率（投资者回报）不低于70%；以2018年净利润为基数，连续5年不低于8.2%的净利润复合增长率（成长性）。可见，好的股权激励计划除了激励企业家，也是对团队的激励、对长期的激励、对成长的激励，是"努力跳一跳才能够得着"的激励。

华为没有上市，但华为是一家几乎所有股权都由员工持有的公司。这是华为强大而可持续的驱动力之所在。像余承东这样的领导人，也是职业化企业家的杰出代表。

四

通过高质量发展和创新驱动，迈向世界一流企业，这是中国优秀上市公司的下一步。

在这个过程，一个可见的路径，是创业代企业家的职业化和职业经理人的企业家化。

创业代企业家的职业化，最突出的样本是美的创始人何享健、万科创始人王石、阿里巴巴创始人马云等，他们都实现了作为上市公司董事长和CEO的顺利交接班。中国平安的马明哲、华为的任正非也是卓越的代表，他们虽然仍在一线，但都致力于打造接班人团队。这些企业家是充满企业家精神的创始人，同时是深谙现代公司治理的专业化、职业化的经营管理专家。

由于中国经济的转型升级，新生的创业代企业家天然具备了职业化特征。以美团王兴、头条张一鸣、拼多多黄峥、大疆汪涛等为代表的新生代，融合了企业家精神和专业主义，将是中国创新经济的有力推动者。

而职业经理人的企业家化，意味着，在充分竞争的中国市场上，今后的大批领军者将是“职业经理人 ＋长期承诺者 ＋股权所有者”的聚合体。目前已经具有市场领导地位的上市公司的掌舵者，就是职业化企业家活生生的代表。而采用约束与激励并重的限制性股票激励计划，将管理层和员工与企业的长期发展愿景深度捆绑，这将成为企业健康发展的必要手段。

过去并未过去，远方还有远方。一个“职业化企业家”的新时代，已经到来。

2020 年 9 月 10 日

重构企业家之商

一

智商、情商、逆商、爱商……对这些商数，你肯定耳熟能详。

商数，是对某种特质的衡量，也是对内部和外部关系的反映。

这篇文章，我想谈谈企业家的商数。

中国经济的快速发展和强大的企业家商数高度相关，中国企业家的奋争（奋斗＋竞争）精神很感人、很可贵。

但中国企业家身上也存在急需超越的一些旧商，如不择手段的竞争、不顾社会代价的投机。

有的企业家特别能“战斗”，所以互黑成风，甚至爱上了黑，因为黑能吸引眼球、创造流量，越黑越容易得到推荐。因为乌烟瘴气，那些本分企业的声音也就被屏蔽了。现在一家公司在即将上市时最紧张，因为这个时期是遭对手打击的高危期。

有的企业家喜欢吃独食，从供应商那里学到三拳两脚就赶紧自己做，把供应商撂在一边。

有的企业家不喜欢员工不加班，认为加班是福报，35 岁的技术员就到该淘汰的年龄了。

有的企业家喜欢价格战，为的是把对手都“杀死”，之后再把市场“吃干榨净”。

有的企业家喜欢拖欠供应商账款，如果供应商愿意向你交底，你就会发现，供应商的历史大部分都是血泪史，而不是欢乐颂。

有的企业家性子特别急，恨不得马上就创造出一个独角兽，至少先吹出来。

有的企业家欲望特别强，所以特别喜新厌旧，在商业层面就是大搞与主业不相关的多元业务，在生活层面就是一个接一个为大众提供娱乐新闻和法治新闻。

然后，因为在很多领域，中国企业把外国企业打趴下了，就认为自己的模式是成功的，外国企业过时了，不是对手。

中国企业当然有很多成功之处，但绝不是上述这些因素造成的。

二

在复旦大学管理学院的一个讨论会上，一位教授忍不住说：“中国很多企业家的财富已是世界水平，但我看他们还是穷人，并没有脱贫，他们是社会、道德和文化意义上的穷人。”

倘若这些企业家听了他的话，肯定不屑一顾：你才挣几个钱？

你只会讲 PPT！你们商学院培育出了几个企业家？

这是今天企业家生态中特别令人悲哀的，自以为是，财富骄人，却不喜欢读书和反思，把特定历史条件下的暴富当成自己的能耐以及规律。

幸好过去这几年，供给侧结构性改革和金融去杠杆给不少人上了一课。一些“裸泳者”现形，演出了一幕幕“商场现形记”。从哪里来到哪里去，甚至还不如当初的起点，因为去监狱了，或者怕担责跑路了。

当前企业特别是民企压力不小，我经常为它们呼吁。压力有经营性的、体制性的、结构性的、政策性的，也来自企业家素质的欠缺。这种欠缺，主要还不是能力问题，是心态问题、认知问题、价值观问题。

很多企业家很反对讲道德，认为那都是陈旧说辞，拿道德评判企业家是道德绑架，是狗咬耗子多管闲事。

我掉一下书袋。“德商”(ethical intelligence)，并不是谁硬要让你学习的，而是商业之基础。

德商，是人的“道德定位系统”(MPS)，是管导航的，和 GPS 一样重要。美国学者布鲁斯·温斯坦在《德商：比智商和情商更重要》一书中提出了德商的五个基本原则：不造成伤害；让事情变得更好；尊重他人；公平；友爱。

商德，就是把人类普遍的德商应用于商业活动中。只要从商，就要守德。

我特别喜欢《德商：比智商和情商更重要》一书的一个评论：“在一个不惜一切代价爬上顶峰的世界里，是时候为更美好的人类、健康社会中更清晰的良知，进行范式转换了。”

企业家欠缺德商的下一步,很可能是触碰法律,锒铛入狱。

据《中国上市公司刑事法律风险年度报告(2018.10—2019.9)》,报告期内有43家上市公司上演监狱风云,其中17家公司的实际控制人因涉嫌刑事犯罪被司法机关采取强制措施。问题包括涉嫌黑社会犯罪,董监高行贿犯罪,P2P非法吸收公众存款、非法集资、非法放贷,证券内幕交易,等等。

当下要稳增长,两个方面同等重要:

在政府方面,要坚持以利民为主导,以发展民本经济为大方向;在企业家方面,要有利他之心、责任之心,要对利益相关者(持份者,stakeholder)负责。

两者缺一不可。

企业家需要构建新的商数。

如何更好地理解企业家之商?我从大家熟知的一些世界级企业谈起。

三

我想到企业家商数的概念,是看到2020年1月7日,特斯拉在上海临港超级工厂举行Model 3电动车正式对外交付仪式时,特斯拉CEO埃隆·马斯克的表现。

他亲手将10辆Model 3交付给车主,情不自禁地来了一段尬舞,在致辞中感谢中国,感谢中国消费者,说"没有你们的支持就没有特斯拉的今天"。

他还表示:"中国的汽车设计能力非常了不起,如果我们能在中国本土进行电动车的设计会很酷,我们一定会这样去做。"

马斯克感谢中国，感谢上海，溢于言表，这体现的就是政商。

很多人理解的政商是关系，是怎么为自己谋好处。这是畸形的政商。企业体现政商的最好方式，是和政府实现双赢。把企业做好，兑现承诺，不辜负支持。

而像甲骨文创始人拉里·埃里森那样的，政商方面就比较欠缺了。

2018年10月26日，埃里森接受福克斯电视采访，被问到中国的知识产权问题。他说，“我认为盗用我们的知识产权为他们带来了巨大的优势”，还说“我们的民主资本主义制度与社会共产主义制度在竞争”。

甲骨文在中国数据库市场占有率很高（2015年为56%），但如果埃里森拥有的是这样的政商，估计占有率会节节后退，国产数据库的空间会越来越大。

不是说中国没问题，但企业家要有事说事，避免“政客化”的表达。

当年（1998年）比尔·盖茨也曾在《财富》杂志批评中国不尊重知识产权，说中国人不花钱买软件，喜欢偷（steal），但“只要他们想偷，我们希望他们偷我们的”。不过后来，随着他越来越多地来到中国，尤其是进入慈善领域和中国有越来越多的合作，他说话的方式改变了很多，政商快速提高。

盖茨多次高度评价中国的减贫成就。他还说，“每年都有人说中国发展触顶，可是中国屡创奇迹”。

2019年11月，盖茨接受电视采访，谈到成为热点的华为问题：“任何人做判断的标准都应该基于客观。我们向中国销售Windows时，当时就有一些质疑，Windows操作系统安全吗？因此，我们提供了 Windows 源代码，让他们看到里面到底有什么，并确定那就是我们提供的产品……如同所有商品和服务一样，华为也应该接受客观的测试。华为的设备有没有被用于窃听？认为所有来自中国想进入美国的东西都是坏的，或者所有来自美国的东西，如飞机引擎、软件等都是坏的，这些想法都是疯狂的……（如果这样的话）你该如何让中国购买美国的飞机引擎？飞机引擎里有各种各样的软件，你可以发一条奇怪的命令，命令引擎熄火。你想不想他们买我们的高科技产品？

“毫无疑问，中国会在很多领域拥有世界领先的公司，这对世界是好事。华为生产价格低廉的 5G 产品，与其他公司形成竞争，从而迫使它们降低价格或尝试改进产品，这是好事。华为一直非常具有创新性。”

比尔·盖茨不是政治家，政治正确不是他的目标，但他坚持做出判断应该基于客观。我觉得这就是企业家的政商。

四

财商，就是如何看待和使用财富。

2020 年来临之际，比尔·盖茨在年终博客中称，新的一年，他希望自己和其他亿万富豪能够缴纳更多的税。

就我的接触，中国企业家很少有谁说税费不重的。

中国企业总体税费确实不轻。所以有一次在博鳌亚洲论坛的闭门会上，福耀玻璃的曹德旺建议“所有小微企企 100％免税”，大家都给他鼓掌。他接着说，“我们大企业可以多一点担当”，这时场内就鸦雀无声了。

比尔·盖茨说：

“我所做的工作得到了不成比例的回报，而其他很多人为了生存而拼命工作。这就是为什么我赞成一种税收制度，如果你有更多的钱，你就要支付更高的税率。我认为富人应该比现在付出更多，这包括梅琳达和我。

多年来，我一直在推动更加公平的税收制度。将近20年前，我和父亲就呼吁提高联邦的遗产税税率，并在我们的家乡华盛顿州征收遗产税。”

盖茨的具体建议包括：提高资本所得税税率，征收更高的遗产税并堵住税收漏洞，对持有时间很长的大笔财富征税，等等。

他强调，向富人征税是为了更好地平衡。政府需要足够的资金来进行基础设施建设、促进企业发展，同时也不应扼杀创新的动力。

据彭博亿万富翁指数，盖茨目前拥有1137亿美元净资产，过去10年这个数字翻了一番。截至2018年，盖茨夫妇累计捐赠了360亿美元。他表示，这些钱对于他来说都是多余的，总有一天会全部捐出去。

财富取之于社会，用之于社会。这是一个明智的闭环。

2019年，在商业和社会的关系方面，最醒目的一件事是181位美国著名公司CEO组成的“商业圆桌”，发布了一份新的公司使命宣言。他们宣布：股东利益不再是一个公司最重要的目标，公司的首要任务是创造一个更美好的社会。

该宣言的五条承诺是：为客户创造价值；投资员工；公平且合乎道德地与供应商打交道；支持所在的社区；保护环境。

这不是一件小事，而是一个风向标。

《财富》杂志的报道称，追溯这一变化的历史（指从股东利益最大化到创造更美好的社会）会发现，这一变化或许发轫于比尔·盖茨 2008 年在达沃斯发表的那篇演讲。

那是盖茨在微软全职工作的最后一年，他呼吁建立一种新的“创造性资本主义”。原有的资本主义，好处是能够可持续地利用“人类的自利倾向”，但不可避免会偏向于那些“有能力支付的人”。“创造性资本主义”的逻辑则是，“这个体系将背负双重使命：创造利润，并帮助那些未能完全受益于市场力量的人改善境遇”。

《财富》指出，2008 年的全球金融风暴加剧了对传统资本主义的反思，并使得“反体制”情绪在全球扩散。

2016 年哈佛大学的一项研究发现，51％的 18～29 岁美国受访者不支持资本主义，1/3 的人赞成转向社会主义。

IBM 的 CEO 罗睿兰说，这是一个社会是否信任你的问题，社会给了我们每个人一张经营许可证，我们需要社会接受我们的所作所为。

那么，今天的社会究竟要求企业和企业家做什么？

受《财富》委托，调查机构 NP Strategy 在 2019 年 7 月对 1026 名美国成年人做了一项调查。72％的受访者认为，上市公司在专注于为股东和客户创造价值的同时，应该“以使命为导向”；64％的受访者认为，公司的“首要目标”不仅仅是“为股东赚钱”，还应该包括“让世界变得更美好”。

很多 CEO 坦言，真正推动他们着手参与社会事务的，是他们的员工。年轻员工对雇主的期望更高。NP Strategy 的调查显示，在 25～44 岁的受访者中，赞同“CEO 们应该在公共问题上采取立场”

的人占大多数,80%的人表示他们希望为“有担当的公司”工作。

2019年中国爆发关于“996”和“251”的强烈争议,即使马云和华为这样的商业标杆,也受到了广泛批评。这是一个全球现象。

五

“真正创新的产品,只影响世界,不影响地球。”

这是2019年苹果发布的《环境责任报告》中的一句话,触动我心。

让我简单引述一些数据和例子。

1. 苹果数据中心100%的用电,以及苹果全球所有设施96%的用电,均来自太阳能、水能和风能。你发送的每一条iMessage,向Siri提出的每一个问题,都由可再生能源驱动。仅四川两家光伏电站每年产生的8000万千瓦时电力,就超过苹果在中国的办公室和零售店所需电力的总和,这意味着苹果在中国的运营达到了碳中和。

2. 苹果所有MacBook Air和Mac mini的外壳材料均为可回收铝,所有零售包装材料均为木质纤维。苹果公司的全部产品包装已达到99%的再回收利用率。

3. 苹果利用自主研发的机器人流水线来拆解回收的手机,回收的iPhone 6铝金属机身可以用来制造iPhone总装工厂自用的Mac mini电脑,回收的iPhone 6主板会运送至专业的回收机构来收集铜、锡和贵金属。

我和中外企业家交流时发现,中国一流企业最关心的是市场占有率和对手在做什么,而世界一流企业最关心的是能不能为消费者创造最好的产品、前所未有的产品，同时努力实现用可循环利用和可再生材料来生产产品，在产品寿命结束时，也尽可能回收各种材料。

苹果表示要对自己的全部碳足迹负责，在场所设施、产品制造、产品使用、产品运输和报废处理这 5 个主要领域计算碳足迹。2015 年以来，已减少了 35％的整体碳足迹。苹果所有零售店都使用了 100％的纤维袋，它使用的针织纸手柄，含有 80％的再生纤维。苹果办公室的纸张使用量占苹果纤维用量的不到 1％，其中 85％的纸张来自回收或负责任的来源。

2019 年我在东京采访日本最大的日用消费品公司花王的 ESG（环境、社会与公司治理）部门，花王的一个产品开发方针就是最大限度地减轻环境负担。公司以 4R 为原则进行产品开发——reduce，削减；reuse，再使用；recycle，再资源化；renewable，再生。

举例说明。花王采取了一种含有空气的薄膜容器，与现有容器相比，可以更少地使用树脂。花王在最新的补充装、替换装产品中采用了来源于植物的塑料，按重量计算其比例达到 15％。通过对补充装、替换装塑料使用量的削减，及产品的轻量化，与全部产品不使用补充装、替换装，未推进轻量化相比，花王 2018 年共计削减塑料用量 9.31 万吨。

花王到 2030 年的目标是：将所有产品在整个产品生命周期的环境足迹，控制在科学意义上的自然界可吸收的范围内。

花王已连续 13 年入选美国智库机构（Ethisphere Institute）评选的“世界最有道德企业”（World ’s Most Ethical Companies），这个机构的理念是“好道德才有好公司”（Strong ethic is good business.）。

事实也表明，将 2019 年评出的全球 100 多家最具道德企业的股价和美国大盘股指数进行比较，在 5 年内优于大盘股 14.4%，在 3 年内优于大盘股 10.5%。这就是“道德溢价”。

和人一样，公司亦不完美。但如果能关注长期价值，注重公司治理，关注环境可持续性，不辜负员工、股东和社区的信任，那么公司将越来越好，不管是在道德上还是在经营业绩上。

六

以上写的案例主要是外资企业。

很多中国企业家谈到外资，现在多多少少都有一种看不上的感觉。其实他们的很多看法都是不求甚解，不知深浅，坐井观天。在企业家商数特别是企业和社会、环境、员工的关系方面，总体看，中国企业和外国企业的差距不是一点半点。

我对于中国企业家的奋斗精神，对中国新一代创业者的创新能力，并不担心。

但为什么中国的商业世界里，让人喜悦的、放心的气息总是那么少？

我日常接触的，很多都是中国目前最强大的企业，但它们那种紧张，从上到下的紧张，让我觉得，我们至少到今天还很难产生最美的东西、最具创新性的东西。

因为我们最在乎的，还是如何获得成功！

而美是一种创造。它需要平静、平常、宽松、专注的状态。

真正的创新，很多也不是急功近利的结果，而是兴趣、好奇、想象力，特别是“无功利的想象力”的结果。

中国的企业家，需要少制造敌意，多放下自我，并追求无我。

无我，心里才能真的有众生、有天下、有世界，才能明白，什么价值才能长留世间。

王兴说，他喜欢“竞而不争”的商业观。“同向为竞，相向为争，竞是一个比争更好的状态，我们从事的行业是以竞为主，即使是争也是足球式的竞争，而不是拳击式的竞争，目的是早点达到某个终点，甚至只是自己在和自己比，而不是为了击败他人、打倒他人。”

《中国企业家》杂志社社长何振红说：“我觉得境界还要提高。应该超越竞争，应该有更高远的抱负，应该考虑你们这代人究竟要为社会留下一些什么。”

是的。中国企业家如何让商业世界更明亮、更愉快、更温暖、更诚信、更安定、更可靠，对社会和环境更友好呢？

A 股 4000 多家上市公司，整体看，应该是中国最不错的企业了，但目前披露社会责任报告的，还不足 1/4。

我们的企业家在社会、环境、道德、治理这方面的商数，究竟可以打多少分？

不是要否定企业家群体。我一直是企业家精神的倡导者和传播者。在我们身边，像阿拉善 SEE 生态协会，像企业家支持的西湖大学，像腾讯“99 公益日”和蚂蚁集团的“蚂蚁森林”，以及很多企业努力减排和善待员工的善举（如广州视源为员工建幼儿园和体检中心），这样的案例也不少。

我在本文中要表达的核心意思是，中国企业家向善、向上的境界需要进一步提高，企业家之商要从旧商到新商，进行新的重构。

世界在变，时代在变，这样的超越，必须进行，也正在进行。

黑格尔说：“我们从历史中得到的唯一的教训就是我们从没有

从历史中得到过教训。”

在经历了过去几年痛苦的结构性改革、再一次交了昂贵的学费后，提醒中国企业家重新思考企业与行业、社会、环境、员工以及利益相关者的关系等问题，也许并不多余吧。

2020年1月13日

图书在版编目（CIP）数据

大视野 / 秦朔著. --北京：中国友谊出版公司，
2022.6
ISBN 978-7-5057-5480-5

Ⅰ.①大… Ⅱ.①秦… Ⅲ.①中国经济—经济发展—研究 Ⅳ.①F124

中国版本图书馆 CIP 数据核字(2022)第 091612 号

书名 **大视野**
作者 秦　朔
出版 中国友谊出版公司
策划 杭州蓝狮子文化创意股份有限公司
发行 杭州飞阅图书有限公司
经销 新华书店
制版 杭州青翊图文设计有限公司
印刷 杭州钱江彩色印务有限公司
规格 880×1230 毫米　32 开
8.125 印张　200 千字
版次 2022 年 6 月第 1 版
印次 2022 年 6 月第 1 次印刷
书号 ISBN 978-7-5057-5480-5
定价 56.00 元
地址 北京市朝阳区西坝河南里 17 号楼
邮编 100028
电话 (010)64678009